「看哪，弟兄和睦同居
是何等的善，何等的美！」

(詩一三三 1)

創意處理衝突

▶ 三版

唐納德 C. 帕爾默 著
何敏璇 石彩燕 譯

▼

教會事工系列．人際關係

創意處理衝突

Managing Conflict Creatively

作者

唐納德 C. 帕爾默 Donald C. Palmer

譯者

何敏璇、石彩燕

責任編輯

何敏璇

裝幀設計

奇文雲海．設計顧問

■

出版 / 發行

基道出版社

香港沙田火炭坳背灣街 26 號富騰工業中心 1011 室

LOGOS PUBLISHERS

Unit 1011, Fo Tan Ind. Centre, 26 Au Pui Wan St., Shatin, Hong Kong

電話：(852) 2687-0331　傳真：(852) 2687-0281

網址：http://www.logos.com.hk

承印

海洋印務有限公司

●

4/2001 初版　2/2005 二版　1/2013 三版

Cat. No. LP523-3A

ISBN-10: 962-457-186-4

ISBN-13: 978-962-457-186-8

Originally published in English under the title

"Managing Conflict Creatively, A Guide For Missionaries & Christian Workers"

Published ny William Carey Library Publishers, Pasadena, California 91114, USA.

Printed in Hong Kong

刷次	11	10	9	8	7	6	5	4	3	2
年份	2026	2025	2024	2023	2022	2021	2020	2019	2018	2017

目錄

課前

人際衝突所帶來的傷害和破壞，日益受到重視。人際關係的不和會導致教牧離開事奉的教會、福音機構同工辭職、甚至宣教士的離職。香港差傳事工聯會在一九九九年所作的宣教士離職調查報告就指出，隊工不和是導致宣教士離職的主要原因。如何幫助事奉神的人能正確認識衝突並成功地處理衝突，成了現今的當務之急，也是本書的寫作目的。帕爾默博士期望我們能積極的看待衝突，並將之視為一個過程以解決難題，作出積極轉變，設定新目標和重建關係。

按我的觀察，本書有以下四方面的特點：

1・實用（Practical）

因著本書原本的設計為一系列五課的研討會導讀體裁，故條理非常清晰，內容也簡明直接。每課之後另有小組討論問題和個人回應的問題，方便小組或個人應用課程內容的原則。此外，因著作者多年的宣教行政經驗，本書的內容，特別適合全時間的同工和宣教士。

2・資料豐富（Informative）

本書雖只得五課，但已包含對衝突的基本分析，處理衝突的不同風格，處理衝突的聖經原則、技巧和跨越文化因素五個主要層面。對於處理衝突這個課題來說，本書不失為一本相當完備的手冊。

3．聖經立場（Biblical）

雖然處理衝突的聖經立場僅佔全書的一章，但其所引申的原則卻是貫串全書。從創世記說到腓立比書，從亞伯拉罕與羅得的衝突到腓立比教會中的不和，作者透過精要的剖析，指出每個衝突背後的學習，積極的意義和我們可以掌握的聖經原則。從聖經中找出原則，而非用聖經去支持作者自己的原則，是本書可貴之處。

4．跨文化意識（Cross-cultural）

作者有三十三年在南美洲從事植堂和行政的經驗，故此本書處處流露他對跨越文化衝突問題的理解，和他處理有關問題的智慧。對跨文化宣教士來說，本書不是一隔靴搔癢之作，也絕不是紙上談兵，實在是他們在異文化工場中能應用的指引。

我在多年前已大力推薦本書的英文版，但礙於語文的阻隔，好些宣教士並未能從中得到最大的幫助。現今蒙基道出版社出版中文譯本，不勝欣躍。深信倘若有更多同工和宣教士學習和應用本書的內容，必能減少許多不必要的傷害和流失，增進同工間的溝通和合作，並大大提升事奉的果效。

盧炳照

課一
衝突動力導論

現時世界上的人口比以前多，且有大部分人都擠進大城市中心的趨勢。這造成人與人之間發生更多衝突的可能性。與此同時，瞬息萬變使我們難以追得上世界。步伐急速的社會和複雜的通訊系統正考驗我們的應對能力。加上一些破壞力——罪惡進入了人類當中，結果在人類社會中製造了一些非常反覆無常的混合成分。由於這種混合成分的誤解、敵視，衝突似乎正在倍增，有時更會爆發出來。

結果今天衝突成了一種發展蓬勃的「工業」。自從人類歷史開始以來，衝突就存在，但它出現得愈來愈頻繁，且愈來愈強烈。在我們國家出現的暴力、訴訟和離婚個案的增加皆證實如此。人們從前被教導去接受及服從權威；今天我們卻被教導要質疑和挑戰在上者的決策和權力。從前我們被教導「別人打你的右臉時，連左臉也要轉過來由他打」；今天我們卻被鼓勵去肯定和捍衛自己所認知的權利。我們從前被教導要隱藏自己的感受和情緒，並且時刻保持冷靜。但現在「暢所欲言」才被認為是較健康的。

除了這些改變之外，我們的社會——尤其是城市——愈來愈混雜。大部分的社區、學校、教會和機構皆由不同背景、文化、宗教、種族和價值系統所組成的。這些不同的觀點和行為增加了誤會的產生，繼而演變成衝突。教會、宣教機構和其他基督教機構在這些影響和變化之下當然也不例外。

當我們研讀聖經時，我們發現上帝的子民的歷史主要也是一個衝突的歷史。新約聖經告訴我們初期教會和基督徒面對連續不斷的衝突，如同我們今日所面對的一樣。而教會的歷史亦清楚證明，教會一直面對外間反對者的衝突和教會內部領袖與信徒之間的衝突。今日的教會當然沒有例外，就連宣教機構和第三世界教會也沒有例外。

我們的宣教士似乎會有更多面對衝突的機會。作為跨文化工作者，他們要面對的挑戰，是如何連繫起文化間的阻隔和不同之處，而這過程更容易引起誤會和衝突。宣教士也必須維繫許多有著很不相同的興趣和要求的人之間的關係。他們必須同時與差派他們的教會、宣教機構、當地領袖、宣教士同工、國內教會及領袖尋求和諧的關係。這可不是件輕鬆的差事！許多宣教士決定返回老家的主要原因，就是因為他們無法解決工場內人際間的衝突。

這都使我們有需要去認識衝突和曉得如何好好處理它。如果我們不了解衝突產生的動力，在衝突過程中無論發生任何事，我們都只能作「回應者」。但如果我們學習去了解衝突及如何與別人配搭去處理衝突，我們可以將其轉換成一次解決問題、正面的改變、新的目標和人際關係的建立。這些都是我們工場的領導者、宣教士和教會所需要和應有的。

在第一章我們會嘗試解答這些關於衝突的問題：

- 甚麼是衝突？
- 衝突是正常和不可避免的嗎？

- 衝突是否一定是罪惡的？
- 衝突是如何引起的？
- 衝突中有甚麼要處理的事項？
- 誰會被衝突所影響？
- 衝突有甚麼潛在力？

I. 衝突的定義

■「衝突是一種情況：當兩個或以上的人，各有自己的期望，而又知道結果是非此即彼——即只有一方能達到目標。」——羅斯．斯坦格（Ross Stagner）[1]

■「衝突發生在任何時刻，當一個受保護的環境的平衡和安全受干擾的時候。」——佩里（Perry Lloyd M）[2]

■「衝突出現在一方威脅著另一方的價值、目標或行為的時候。」——諾曼．肖查克（Norman Shawchuck）[3]

■「衝突是兩方或以上進取地嘗試佔據同一空間和時間……兩人在重要決定上各自嘗試採用自己的方法。」[4]

小組回應問題：從這些定義看，甚麼是衝突裏的關鍵要素？

II. 衝突是不可避免的

一、上帝的子民在整個歷史中經歷衝突

1. 衝突起源於創世記第三章人的不順服和墮落。衝突要直到所有事物在永恆裏更新才會終止。（啟示錄二十一，二十二章）我們正處於一個世界，生活不同層面皆受著衝突所影響。所以了解衝突所產生的動力及如何有效處理衝突，對我們是非常重要的。耶穌說：「使人和睦的人有福了」（太五 9）。基督徒領袖其中的一個呼召就是要在衝突中成為使人和睦的人。

2. 神所看重的人都曾經歷過衝突。像舊約中的約伯、亞伯拉罕、摩西、大衛和約拿，以及新約中的彼得、雅各、保羅和巴拿巴，都經歷過衝突。事實上上帝給他們的召命增加了他們面對衝突的經歷；他們有時在事情上經歷衝突，有時在人際關係上，有時甚至與神發生衝突。

3. 耶穌親身經歷衝突，甚至引發衝突。當耶穌潔淨聖殿（太二十一 12～16）、對抗法利賽人（太二十三）、斥責門徒（太八 26；路二十四 25～26），耶穌就牽涉在衝突中。福音書提供充足的證據說明，在有需要的時候，耶穌是可以十分對抗性的。

4. 撒但企圖在衝突中利用基督徒。為此他使我們沮喪與退縮、易怒與好爭吵、變得固執與自私，以致我們都堅持自己的方法，或出現分裂，要各走各路，（但並非所有分歧的意見都一定是負面的。）我們必須小心魔鬼這些詭計（弗六 11~12）。當基督徒或教會正積極地成長，衝突往往也會增加，因為撒但開始作出更大的對抗。

5. 神有時允許衝突發生。祂要藉此試驗我們，使我們成長（林前十一 18 ~ 19），同時逼使我們發現更新和更好的方式去處理事情（徒六 1 ~ 7）。有時我們可以在衝突中明白神的旨意，但有時候卻不可以。不過我們確知道神是擁有主權的，祂可以使最困難的情況變成祂的榮耀與旨意。

二、衝突未必是壞事

1. 我們一生都會經歷衝突。每一個基督徒、宣教士和教會都會經歷衝突。有時儘管我們是出於善意，在教會、宣教士之間，事情總難免會出錯。我們都不完全，而且活在一個不完全的世界中。墨菲定律（Murphy's law）便說明了這不完美的生命：「如果任何事情都會錯，這個也會。」產生衝突的另一個原因是因為人都是過著羣體生活的。在我們的人際關係中，蘊含著各種威脅或擾人的行動、決定和變化。假如我們不立即消除這些恐懼和誤會，張力與衝突便會隨之建立起來。

2. 我們必須克服「所有衝突都是罪惡」的觀念，因而要避免衝突。身為基督徒，我們都會傾向於否認衝突存在的事實，或把衝突的出現歸咎於靈命的不足。這些都不是一個實際或有幫助的回應。認為衝突都是罪惡的想法會令一個團體變得衰弱，因為它阻礙了成長、改變和發展新方向。要排除所有衝突不單不可能，還會對教會與宣教工場有不良的影響。

3. 衝突本身並非是罪惡的。大部分衝突本身並沒有好壞、對錯之分。衝突通常是因為在忠實的意見裏有差異，或因影響人際關係與地位的改變和決定所導致。其中有些會導致衝突，但並不一定有罪。有些不只引起衝突，而且還有罪。

是我們面對衝突時的反應可能會導致犯罪。當意見不合和歧見帶來流言蜚語、言語中傷而傷害到其他人時，罪就進入了衝突當中。重要的問題是：我們在衝突中應有甚麼反應和行為？我們如何處理衝突？

「在教會中的人有衝突並非是有罪的，但當我們漠視衝突的存在或處理不當，便會導致罪惡的行為。當衝突淪為推卸責任（「是那女人叫我做的」），心理和身體的毀壞（像大衛對烏利亞），欺騙（像亞拿尼亞和撒非喇對彼得），這就是罪了。每當愛成了恨、溫馴成了敵意、真誠成了不忠實、謙遜成了自私，那就是罪了。但沒有這些行為的衝突便不是罪惡。也許衝突會令人害怕、尷尬和危險的，但仍然是無罪的。」

——諾曼・肖查克（Norman Shawchuck）[5]

III. 導致衝突的潛在原因

一、領域受到威脅或爭奪

一方試圖侵害或奪去另一方的部分領域，或是兩方或多方在爭奪同一個領域。領域的威脅也許在物質上、心理上或精神上。它也許會影響到人與人的關係、物質上的幸福、地位、價值與信念。

1. 領域上衝突的形式：

- 兩個或以上的團體在同一時間欲佔領同一空間（地位、事奉崗位、特權）。這個競爭的空間可以是一個工場的領袖職位、服事的地方、理想的宣教住所或一部宣教的吉普車。
- 兩個以上的團體提出不同的目標或解決方案，但無法同時被採用或付諸實行。我們當中許多宣教士，已親眼目睹或經歷過工場執行委員會（Field Executive Council）和一對夫婦在關於事奉崗位的事工上發生強烈的衝突。在這樣的情況下，兩方皆無法隨己意行。

- 一方企圖強加一些不同的想法和目標在另一方身上。當這情況發生時，較強勢或較堅持的一方會阻礙了另一方實行自己的抱負。不幸地，這情況使另一方成了失敗者。

2. *面對領域上的威脅的反應有：*

- 退出——「我會帶著我的領域離去。」
- 交易——「我會和別人交換部分領域。」
- 分攤——「我會為了保存其他的而放棄某一部分。」
- 獲取——「我會不顧一切以取得別人的領域。」
- 重新定義——「讓我們再畫一個所有人都能接受的界線。」

小組回應問題：在領域的問題上，為何改變會令人感到如此威脅？

二、期望沒有實現

在我們的人際關係中，我們都在儘量履行自己與他人所期望、想像與同意的角色。別人對我們有某些期望；我們對別人也有某些期望。衝突因期望而產生是有某些原因的：

1. 期望並不實際，且在事前表達不明確。有時我們會對別人有著他們永遠無法達到的期望，這會導致每一個牽涉的

人感到失望，也導致衝突的產生。在宣教中我們常有不切實際的決定。我們期望老師同時是傳道者；專家同時是教會栽培者。在挫折中，宣教士因我們不切實際的期望，感到失敗而離開工場。

有時候我們並未趁早闡明期望。例如一對宣教士夫婦在抵達工場前，期望可以被安排在某一項特別事工或地區裏事奉，但工場領導者對他們在工場的角色有其他的想法與期望，卻沒有事先跟他們清楚說明。又如本地一所教會有新牧師到任。新牧師帶著他自己想要實行的理念來到教會。然而，會眾對他和教會卻可能有非常不同的其他理念。在這兩個案例中，兩方的期望並未在事先詳細地討論或闡明。結果呢？誤會和衝突就產生了。

2. 一方並未根據另一方的期望而行。

- 婚姻：對於丈夫與妻子的角色有不同的期望。
- 家庭：孩子未能達到父母的期望。反之亦然。
- 老闆與員工：老闆期望員工做的，並非員工認為是應該做的。相反，老闆並未能按照員工的期望去領導和做事。
- 傳道與教會：傳道並未根據執事會的期望推行他的事工，而執事會也未能照著傳道的期望作出回應與行動。
- 宣教士與本地教會：宣教士看自己的角色並不同於本地教會所看見的。

- 目標、計劃和預算：這些早已被個人或一組人所擬定和同意。但結果表現卻不如原定的目標和計劃般理想，而損失又遠超過之前的預算。

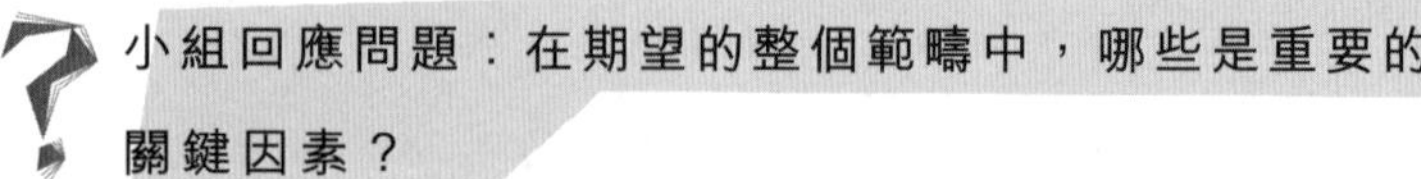
小組回應問題：在期望的整個範疇中，哪些是重要的關鍵因素？

3. 人和環境的轉變。每個人和每件事在一生中都會經歷轉變。當孩子出生、成長，我們的家庭就在經歷轉變。教會和公共機構擴展，其他的機構就相對地縮小。年老的宣教士退休，年輕的宣教士帶著新的理念來到工場。宣教和教會的領袖在工場和自己的國家轉變。社會隨著既定的標準和規範而改變。昨天的決定和計劃往往不能符合今天的需要。

這些改變都造就了衝突。人與人之間的關係受到影響。已建立的領域受到威脅。期望也隨之而改變。所以肖查克稱轉變為「衝突的苗圃」。[6]這些分裂和干擾造成不安和混亂，結果使人感到緊張起來。持續的緊張就會導致衝突，除非能夠好好處理它。

三、領導人與行政失當

1. 組織架構關係含糊。人們可能不確定自己要向誰負責任、誰在他們的管理之下或他們與其他部門或事工的同工的關係。有時他們可能被要求立即應付兩個或以上的老闆。就以工場

上的宣教士為例，工場主任對他們可施予的權力可能並不清晰，而宣教士本身對本國教會或其領袖的責任也不清楚。

2. 對工作責任定義太含糊。在一個組織中的人（或在工場上的宣教士）或許並不清楚他們所當做的。當轉變出現時，工作的細節並沒有隨之而更新，這使工作的職責愈來愈超現實。

3. 溝通上的崩潰。機構或團體中欠缺正常的溝通，不夠完善和清楚。在發展一個新的計劃或事工前，要緊記一個基本的原則：在計劃階段要不斷磋商，而在執行計劃的過程中又嘗試有定期和清楚的溝通。

4. 計劃失當。許多衝突的產生是因為沒有計劃或未能按計劃而行。不論在任何機構，人們都必須知道他們計劃的目標，他們有甚麼責任和如何執行工作。工作愈重要，就愈需要更周詳的計劃，在資源運用得最好的情況下，能有效地滿足人的需要。若計劃不夠完善，人們會因為沒有方向和成效而變得沮喪和吹毛求疵。在機構或團體中，這些負面的感覺就會引起衝突。

5. 過分獨裁或弱勢的領導。在放任的領導下，人們會因缺乏指引和責任而「做自己的事」。在過於獨裁的領導下，人們又會因沒有權力而變得沮喪和被動。

6. 過度政治性的領導。一些領導者對待他的下屬是基於個人的偏愛。下屬得到特別的優待，不是基於能力或成就，而是因為私下的友好關係或政治利益上的回報。這會使機構中的員工士氣低沉，並引起領導者與下屬間的衝突。

四、態度與個性的衝突

1. 成見與偏袒（有意識和潛意識）。衝突可以因對別人有不同看法而產生，尤其是在某方面與我們不同的少數羣體或人。這些不同也許是因為種族、階級（嬉皮士對藍領工人）、背景（城市人對農村人）、教育程度、政治背景或地區（美國南方人對美國北方人）。我們的偏袒和成見可以在人們中間製造非常強烈的感受與分裂。

2. 氣質、個性與風格的不同。我們在個性上的不同會與別人產生磨擦，造成衝突，尤其是在親密的關係中，彼此必須每天一起生活和工作。例如：

- 理想主義者對實用主義者（兩類人對彼此的看法是：「他們沒有任何價值觀，只求實際」；「他們總愛空想、想入非非」）。
- 衝動的人對鎮定的人（一個想加快；另一個想停下來）。
- 樂天的人對完美主義者（隨遇而安的；每件事一定要做到恰如其分）。
- 有計劃的人對沒有計劃的人（一個事前先作好預備；

另一個把事情拖到最後一分鐘才處理）。

- 整齊的人對草率的人（嘗試把這兩種人放在一起，必定會有衝突產生）。

小組回應問題：當你要面對他人的性情與處事方式時，甚麼是你最感煩惱或引起衝突的範圍？

IV. 包含在衝突中的項目

人會為甚麼事情而爭執？答案是：我們甚麼事情也可以爭執一番。別以為宣教士，或在教會中的人，就不會挑起層出不窮的爭執。因為令人執拗的事情的確無法盡錄，以下是最常引起衝突的事情：

一、實質的項目

1. 價值、信仰和傳統上的衝突。這是其中一項最嚴重且最難處理的衝突。人們通常對本身持有的價值觀和堅持，都不願意去改變或妥協。對基督徒而言，尤其是那些在教會居領導地位的人，有些事情是我們強烈感覺到要去爭取。（甚至為此死而無憾）例如聖經的權威、信仰的要義、教會的聖潔、公義的實行和我們所行的基督教倫理。

基督徒對另一些價值觀有強烈不同的意見。這些爭論如女性在教會中的角色，教會在離婚事情上的位置和教會中離婚者可參與的領導角色、恩賜的運用、根據聖經模式的教會行政管理形式（包括傳道人的角色與權限、教會的執委會和會眾）。

作為基督徒與宣教士，我們也不喜歡去改變我們保留已久的習慣和傳統，我們有些教會的傳統認為，神啟示的真理沒有人可以干預。這些包括「適當」的敬拜模式、音樂和教堂建築的形式；「適當」的邀請，領受聖餐，收納奉獻的方式；還有「適當」的教會聚會時間與地點。

小組回應問題：哪些傳統是你們教會，或在你們宣教士之中由來已久（但不是教條）而難以改變的？

2. 在計劃與目標上的衝突。通常這種衝突並不如第一項的衝突般難處理，但仍可以導致非常嚴重的衝突。在這裏的議題是：我們的宣教機構、教會或基督教機構要做些甚麼？我們存在的目的和動機是甚麼？若與那個目的看齊，我們對於某些特別的機構、教會、小組或事工有甚麼目標？

小組回應問題：在你的工場、教會或事工上，你可否想到任何例子，因為要完成某些目的或目標而產生嚴重的衝突？

3. 由處事程序及方法引起的衝突。這種衝突是到此所提及三種衝突中最容易處理的一種。它涉及到一些基本要點，如何執行及實現我們所定下的目標。因為任何問題都可能引致嚴重的衝突，人們通常較願意在處理程序及方法上作

出妥協和調整。以下是需要處理的問題：

- 我們應怎樣做？（計劃、方法、程序）
- 應由何人執行？（組織、隊工）
- 何時執行？（時間安排）
- 應用多少錢？（預算）

4. 有關事實的衝突。有時衝突的出現是由於人對事實有嚴重的意見分歧。所謂事實就是以下問題的答案：這兒發生甚麼事？衝突如何及為甚麼會發生？誰是罪魁及現在誰牽涉在其中？對事實產生歧見可能圍繞以下的問題，如：

- 有意揭露事實者之客觀性及公正程度。
- 搜集資料時資料來源的合理性，或其追尋的過程。
- 事實本身的準確性及真實性。

5. 有關領導才能的衝突。我們已知道拙劣的領導才能是引起衝突的主要因素。這裏我們要指出領導才能亦是很多衝突的爭端。在教會，嚴重衝突中最常見的爭端是關於牧者——他的職分、人格、領導方式、佈道及教導才能，並他的家庭。一半的會眾可能想「處決」那牧者，而另一半則可能想「處決」要除去牧者的人。

類似的情況發生在禾場上建立的宣教組織及執事會與神學院，有些最嚴重的衝突，集中在領導才能方面。最難處理的，是要開除或轉換領導者，尤其是當事人在但求保位的情況下，決心以任何方法反擊。

二、情緒問題

1. 欠缺他人的接納、認同及欣賞。當這些感覺被抑制一段時間，受影響的人，普遍會變得愛挑剔別人，並會引起爭端以引起他人的注意力及認同，令他人明白自己，並向負責者「報復」。在這些情況下，引起的爭端並非真正的問題。真正的問題是有人被忽略、利用或不被重視。

2. 不公平對待。受到不公平對待的情況可以是假想，也可以是真實的。但當事人的反應在兩種情況下都會是一樣的。若不公平對待是真的，這人可能是受到不公平的批評、排斥，或是在組織或團體中失去地位或身分。對於不公平對待的反應是抽身或辭職；另一反應是尋求對事件作出澄清及挽回聲譽和復職。但當事人普遍的反應是會以批評及攻擊有關人等作出反擊，並將其他人牽涉在內以支持自己的理據。

V. 衝突的四種分類

一、個人內在的衝突

這是個人內裏的衝突，它的成因可能是由工作過度、關係破裂、或家庭、健康及經濟問題帶來的壓力。這亦可能是由於在工作環境、羣體或教會中感到受威脅或被批評。

但無論是哪一項成因，內裏的壓力會使內裏掙扎不斷增加，而這種掙扎會以幾種方式顯示出來：

- 自我埋怨。當事人覺得自己的問題是源自個人失敗或能力不及。這會造成意志消沉（甚至情緒低落）及自我孤立。
- 埋怨他人。當事人深感受委屈。他感到憤怒及怨恨，並隨時為自己的權利作出反擊。
- 在某些情況下，這並不關乎埋怨自己或他人。當人們在內在壓力之下，他們會有挫敗感、怨恨和敵意，這些都可引發衝突（在有關及非有關的事情上），或會令醞釀中的衝突的情況急轉直下。

內裏衝突亦可能是由於要從多種生活方式中作出取捨。對基督徒而言，我們在經歷內裏衝突得以釋放的同時，亦會帶出新的內裏衝突——釋放——因為我們被神從罪中拯救出來，新的內裏衝突是因為我們裏頭有兩個律在交戰（羅馬書七章）。這使基督徒經常要在實際生活中作出合宜的抉擇。這種內裏衝突會在下列兩者之間出現：

- 理性及非理性的自我（現實與幻想，尤其關乎自己）。
- 罪的誘惑及人的良知。
- 責任及吃喝玩樂的選擇。
- 既定的目標及在達成這個目標時所要付出的心力和紀律。
- 推卸責任及敢於承擔。

- 為自己的好處及為神的國度與榮耀。

內裏的掙扎可對他人有負面的影響，這最終會擴散至整個羣體，並影響人與人之間的關係與交流。「每個人內裏的衝突是與他人衝突的根源。」麥斯溫與特雷德韋爾（McSwain & Treadwell）[7]

二、人與人之間的衝突

這是兩個人或以上的衝突。由於每個人的需要、抱負及思想方式都不同，衝突時常都會出現。發生衝突是因為人與人之間缺乏坦誠溝通及健康地施與受，而這些人又必須一同生活及一同工作。雖然人與人的衝突都是個別的事件，但通常都牽涉人與人之間的差異與矛盾：

- 年幼與年長（有名的「代溝」）。
- 當權者與受管者。沒有一個領袖是完美的，衝突在管理我們的人中與在我們管理的人中都會出現。
- 性格衝突。有些人會因性格問題產生磨擦。
- 截然不同的背景、態度及取向會令人對事情的看法天淵之別。

三、羣體內的衝突

這是指某羣體中的成員間之衝突，例如委員會、小組、部門、學院或教會同工。這種衝突經常牽涉個別事件：領導才能與職權；宗旨與目標；處事程序與方法或價值觀與傳統。但這種衝突是因為組員不信任的關係及成員間缺乏坦誠的溝通。

產生羣體內的衝突是由於成員在某事情上看法極不一致。除非衝突得以解決，否則這羣體會失去方向、心力交瘁，因而在合作上事倍功半。這種衝突亦可能是因為幾個成員所持的意見和目標與組織或羣體的差異甚大，而這些小眾對大夥兒的做法又不感興趣。若這組織強迫這些人接受它們的意見與目標，這些人或會疏遠、離開，或會留下來作出反擊。

兩種情況都是大家不願看到的。

四、羣體與羣體間的衝突

這是指組織內或組織外羣體間的衝突。例如：禾場上不同籌委會間的衝突、禾場領導層與總會的衝突、宣教團體與國家教會的衝突或本地教會及學院中羣體與羣體間之衝突。每一羣體都認為自己是對的，並力保自己的地盤。

若對恃的羣體有著不同的文化，這會更難處理。在這些情況下，宣教領袖需要對文化有深入的了解、敏銳的觸覺，且要有跨越文化的談判技巧。在本書第五部分中，我們將會探討了解文化差異如何成功地處理跨文化衝突。

在探討處理衝突中，我們主要會談到後面的三種衝突——人與人、羣體內及羣體與羣體之間。當然，個人內裏的衝突會引致並嚴重影響其他三種衝突。但要徹底處理個人壓力與內裏衝突，這需要對個別有深入的研究。

VI. 衝突可能引致的結果

一、衝突的正面影響

「首先，我們肯定贊同路上文明的每一步都是源於衝突。」(羅斯．斯塔格納，引自 *Managing Conflict in the Local Church* 之序言)[8]

1. 生命氣息與活力的確據。世上只有一個地方沒有任何衝突，那就是墳場。那兒沒有衝突，因為那兒沒有生命。衝突的出現是人類及組織活生生的明證。這證明人們有創意思考及提出新意念，並需要改變。

2. 帶出更新的動力。衝突迫使我們重新訂下或鞏固我們的宗旨，也迫使我們作出所需的決定，然後作出行動。這需要新的委身與動力。結果是感到事情漸入佳境、人們正尋求急需的解決方法，並覺得事情應早已解決。人們對組織或羣體的觀感有好轉，大家都為自己所盡的一分力而高興。他們因為一起克服了衝突，感到大家都能團結一致，增加了對這羣體的歸屬感，並得出一些共同的目標與決定。

3. 釋放不快的感覺。衝突給予積壓多時的情緒及負面感覺一個發洩的渠道。當我們讓牽涉者盡情地表達他們所關注和顧慮的事時，我們已離成功處理衝突的路不遠了。每個人都希望其他人聽自己的聲音。若他們可以自由地挑戰反

對的意見，又可以為自己爭辯，他們就不會感到過分沮喪，而他們逗留在這組織或羣體的可能性亦會大大提高。

4. 幫助個人成長，使人更趨成熟。衝突逼使我們更了解自己。它亦逼使我們學習如何有效地與他人合作，達成共識。箇中的祕訣是要視衝突為一個學習、個人成長及事奉進步的機會。

二、避免發生衝突的危機

1. 不能作出有需要的改變。沒有衝突會令人對問題習以為常（令事情無可救藥！）及安於現狀。若對現狀沒有不滿的話，那就沒有建設性的批評；沒有改變的渴求，進度因而極慢。衝突逼使人找尋新方向及別的選擇、新策略和方法，令我們的相交及互相服事可以更好。

2. 形成憤恨。若一組織或羣體將衝突隱藏，這並不會打破僵局，只不過將它埋藏起來吧了。這會令成員覺得情況更不受控制，因而增加情感爆發的可能性，而爆發的形式會是互相譴責與控訴。避免衝突出現的極端會很容易引起另一極端，就是全面大戰。

3. 錯誤宣洩情緒。若工作、教會或宣教團體中的有關人士避免衝突，不快情緒通常會宣洩在家庭、朋友及同工身上。這種衝突會令很多無辜者受到不必要的傷害。

4. 出現不滿情緒、閒言閒語或背後中傷人。若衝突不即時處理，牽涉者會轉用負面及不健康的方法去處理衝突和「敵對者」。將衝突置之不理會令人浪費人力物力在背後中傷及彼此攻擊。這些不健康的態度及表達方式會令衝突更趨嚴重及增加彼此仇視的痛苦。這都會令衝突更難解決，就算最後解決了，亦會留下永遠的傷害。

三、有關衝突的反論[9]

1. 人若愈關心對方，出現衝突的可能性會愈大。衝突很多時是關心的表現。陌生人間不常出現衝突。互不相識及互不關心的人，可能會認為爭執浪費精神，令他們受到不必要的傷害。這正解釋到為何配偶、家庭成員及親密朋友之間會遇到衝突，而這正是衝突為何常在教會中出現的原因。其實，當教會成員委身愈大，會遇上衝突的可能性就愈高。成員若熱切關心自己的教會，他們會願意因教會興旺的緣故在有需要的時候爭取福利。

小組回應問題：從這方面看，宣教士是否特別容易遇到衝突？為甚麼？

2. 未能洞悉一個人在衝突中的動機，以致引起更大的衝突。若我們真正了解自己不良的動機，並知道人性的弱點，我們會更能體諒及包容其他人、他們的意見和行為。若有人

覺得：「我的動機絕對真誠純正，但那些人……」會是處理衝突的嚴重障礙。沒有比持著「我比你為義」的心態更容易惹人發怒和與人產生不和，即使這真是一場完全純正和正直之戰。然而，我們的動機絕少會是完全純正的，而在我們遇到衝突時，才能夠真正認清這一點。

3. 組織的衝突愈多，便愈穩定。這論點看似不合邏輯及常理。但這裏的意思是，幾個較小的意見分歧會較一個醞釀中的大衝突為好。在不同的小衝突中，人會在不同的事情上與不同的人站在同一陣線。一個理由與一堆人意見一致，但對另一個理由又可能與這堆人中的某些人意見不同。意見一致和意見分歧的人隨時會重疊。相反地，若每個人也將注意力集中在一個大衝突中，他們很容易會走向極端，使他們更容易形成敵對的局面。

總結

出現衝突並不是問題，就如我們先前提及，若一個組織很少出現衝突，很可能是領袖及成員態度冷漠，需要喚醒他們，對他們作出挑戰。從另一角度看，一個發展中的組織，為要迎合嶄新的要求與機會，它們會作出改變，衝突因而發生！

鼓勵健康的衝突，並學習在衝突出現的初期以開放的態度處理它，這可加強人在面對衝突時的信心，並能正面地處理它。當中的人不再對衝突存着恐懼。學習避免在衝突中反應過敏，並以積極的態度處理，而並非逃避，這個組織或羣體會變得更穩定、更健康。

註釋：

1. Stagner Ross, (compiler) *The Dimensions of Human Conflict* (Detroit : Wayne State University Press, 1967), p.136.
2. Perry Lloyd M, *Getting the Church on Target* (Chicago : Moody Press, 1977), p.1.
3. Shawchunk Norman, *How to Manage Conflict in the Church* (Schaumburg, IL : Spiritual Growth Resources, 1983), p.35.
4. Shawchunk, *How to Manage Conflict in the Church*, p.35.
5. Shawchunk, *How to Manage Conflict in the Church*, p.12.
6. Shawchunk, *How to Manage Conflict in the Church*, p.36.
7. McSwain Larry L and William C. Treadwell Jr, *Conflict Ministry in the Church* (Nashville : Broadman Press, 1981), p.58.
8. Leas Speed and Paul Kittlaus, *Church Fights : Managing Conflict in the local Church* (Philadelphia : Westminster Press, 1973), pp.43~48.

課一問題

1) 關於衝突，從這部分你最主要學到甚麼？

2) 衝突本身是錯嗎？在甚麼情況下，衝突是錯的？

3) 衝突的四個主要起因是甚麼？

...............................受到威脅。

...............................未得滿足。

...............................是錯誤的。

...............................有抵觸的。

4) 衝突中所涉及的事件會是具體或是...........。

試列出五種我們提及的具體事件。

5) 哪種具體事件最難解決？

6) 在教會衝突中，哪種是最常見的，亦是最難應付的？

7) 衝突有甚麼正面的結果？

避免衝突的發生有甚麼危機？

8) 試分析下列衝突個案 a) 主要成因 b) 所涉及的事件 c) 衝突的種類（涉及的人）

個案一：父親經過了幾天的旅程回到家中，感到十分疲倦，他渴望有片刻寧靜，可以好好休息一下。但他的兒子第二天有樂隊演奏，因而需要練習打鼓。於是父親與兒子有激烈的爭吵。

個案二：一所教會中，會眾中重要的一羣，尤其是那年輕的一輩，希望在敬拜中有新的嘗試，他們希望引用新一代的音樂及樂器、話劇，並改變敬拜本身的模式。但其中很多會眾，尤其是較老一輩，都反對這些改變。他們希望崇拜模式能保持原狀，兩方因而出現衝突。

個案三：每位會友都希望教會人數有所增長，但教會在過去一年的出席率及會眾人數卻是差強人意。為解決這個衝擊，會友各持己見。有人認為解決方法是多作探訪工作及傳福音工作；有人認為應加強聖經教導；亦有人認為要增加及改善家庭事工。有人則堅決認為解決方法是改善敬拜及學習所需的設施。教會需要按部就班，但教會領袖們卻對教會增長中的需要持不一的意見。

個案四：兩對宣教夫婦正合作植一新堂。其中一人所作的每個決定都非常謹慎，他希望行每一步都經過周詳的計劃及預算。但另一位宣教士則非常衝動，做事憑「直覺」，又甘於冒險。他們剛為教會購置新堂址而發生衝突。謹慎的那位宣教士認為教會未有足夠準備走這一步，對於那物業合用與否又未做足資料搜集工作。而那衝動的宣教士認為走這一步，會對上帝增加信心，教會會有成長，而神會有充足的供應。兩人因而發生衝突。

9) 略述在你工場或教會所遇到的一項衝突，而你是牽涉當中的。正如上面所做的個案，請從主要起因、主要事件及衝突種類分析這次衝突。若避免了這次衝突或置之不理，結果會變成怎樣？從正面負面看，它的結果又會如何？

課二
衝突的處理形式

我們在衝突中的反應會與平日很不同。我們都會在衝突中不自覺地展現出一種行為模式，反映我們的背景、對衝突的神學概念以及過去的衝突帶給我們的經驗，這種行為模式是我們處理在衝突中所感受到的緊張的方法，我們對衝突的反應是可以預計的，因為別人早已預計我們會有某些行為模式。我們稱這些已知的行為模式為衝突處理的「形式」。在本章，我們會看看肖查克所著的書 *How to Manage Conflict in the Church* 所論及的五種主要處理衝突的形式。

每個人處理衝突的形式都會隨著衝突時的情況及強烈程度而改變。如果你在一次衝突事件中當調停者，因為你並不如在衝突的其中一方般直接和在情感上牽涉在內，你的表現形式也自然不同。一般而言，當你遇上衝突時，你會先用自己喜愛的形式去處理，但當情況變得緊張而又愈來愈有威脅時，你自然就會改用不同的形式，我們稱這些為你的「後備」形式。

了解衝突處理形式將有助你選擇最合宜的形式來解決各樣衝突的情況，且能幫助你帶領他人使用更合適的衝突處理形式，在此部分你可以學到：

- 五種衝突的處理形式及其特性。
- 你自己較喜歡及後備的衝突處理或對應的形式。
- 兩個影響個人選擇衝突處理形式的基本考慮。
- 一般最具建設性及最有效的衝突處理形式。你會被鼓勵採用它成為你最喜歡使用的形式。

- 經常使用一些不大理想的形式所造成的危險性，並在甚麼情況下使用這些方法才較為適切。
- 在你所選用的形式中，學習有彈性及刻意地處理衝突的重要性。

I. 五種處理衝突的形式

一、迴避型（被動龜）

格言：「不牽涉在內。」

思維：避開衝突，保持中立，避免認同任何一方。迴避者使解決衝突的責任落在其他人身上，他會以行動表示：「我才不會直言不諱」；「這不是我的問題」；「這件事引起的緊張和不安，我並不在乎。」迴避者認為衝突本身就是錯，不值得付出努力去解決，沒有可能解決，那麼為何要介入？

行動：迴避者畏首畏尾且被動，他不提倡自己的想法與興趣，也不鼓勵人提出他們的意見。他既不合作想出衝突的原因，尋找解決之道，或將決定付諸實行，「迴避」即是不做決定的決定，迴避者的口號耳熟能詳：「此處不負責」！

迴避者在衝突中的第一個反應通常會否認有任何問題的存在。如果他這個做法行不通，或衝突惡化，他下一步的策略可能會選擇退縮，找一個最近的出口。又或者，他在這個衝突及解決的過程中索性站在外邊，當其沉默的旁觀者。

結果：「你有損失，我也有損失！」迴避通常是一種負面及不產生果效的策略，迴避者推卸所有的責任給別人。沒有解決的衝突會逐漸惡化，導致嚴重的後果。人們費盡心力去迴避受害的人或衝突的問題，積下的衰弱和挫敗感會使整個事件變得癱瘓，因為未能掌握和解決問題，所以沒有任何風險，也無信任，更沒有任何的成長。長期處於這種形式，會使迴避者產生無力感，愈發沮喪及產生更深的敵意。

適用時機：

- 當問題相對地不大重要或屬於暫時性時，及當決定不會影響到長期的目標及政策之時。
- 當問題確實不是你的責任時，你不需要去打每一場仗。學會何事應介入、何事不染指十分重要。
- 當參與者都很脆弱及沒有安全感的時候，而且他們仍不夠成熟接受有效的衝突處理方法。
- 當雙方的分歧不能調停，而對抗又無補於事時，在處理某些衝突時，應儘量減少其他可能會引起的衝突會比較明智。

二、隨和型（可愛的玩具熊）

格言：「願放下己見。」

思維：為了維持團體內以及爭持雙方間的關係，不惜任何代價，如此所傳達出的信息為：「我們之間的相處比衝突的事件重要。」隨和者會竭盡所能地做任何事情，來減低牽涉在衝突內的人之間關係破裂的危機，工作本身的內容、目標與進度遠不及關係重要。

行動：隨和者嘗試接納在衝突中的每一個人。當對抗無可避免時，他會提出建議或解決辦法，使關係破裂的情況減至最低。他通常會尋求別人接受的方法而忽略自己的意願和解決方法。他會為了安撫他人而作出讓步，放低自己的利益和目標。隨和者願意犧牲自己、犧牲自己的抱負。若可以換來和平或和諧，他甚至可以接受指責。

結果：「你贏——我輸。」不斷使用這種方式對各方都有損害。隨和者經常屈服於人，於是會逐漸忽略自己和自己的想法，結果他只會覺得自己像一個忍辱受害者。隨和者也可能認為，在一羣人中維持良好關係的責任是屬於自己的。但對於組內的每一個人來說，這責任都是太沉重了。要維繫組員的關係，是每一個人的責任。

同時，那些經常事事如意的人，很容易會使他們錯以為他們和他們的想法是最優越的；他們會愈來愈自以為是，並且期望隨和者必須放低自己的目標和利益。結果，他們不會因此而成長，因為他們慣於用自己的方式做事。

適用時機：

- 與迴避的形式類似，當問題不大重要或屬於暫時性時。
- 當人不肯定自己的意見，又知道自己處於弱勢時。
- 當長線的關係比短期的衝突內容更重要時。
- 當同時考慮幾個差不多的好辦法時。

三、合作型（有智慧的貓頭鷹）

格言：「為了大家的好處，我們一起合作吧。」

思維：為使各方都得到一個「勝利」的解決辦法。合作者必須以事件為主導，同時又看重關係。他相信人是有能力解決自己的問題，不是要避免衝突，而是要將它轉化為一種正面、解決問題的過程。這種形式看重每一個人的價值，對於各方的意見、利益和目標都會平等看待，並且儘量使牽涉在內的人能維持一個良好的關係。

行動：合作者是斷言的，但同時也可以很有彈性。他確信衝突可以用某個方法處理，使它可以為個別或機構中牽涉的人帶來正面的成長。他堅持雙贏決策，在處理衝突的過程中，主張互相尊重、自由溝通，每一方都要全力參與。他用行動表達了：「我重視、亦希望維持我們的關係。」但他也同時表達了：「我會作出抗衡，我會說出我的意見，支持自己的意見和目標。同時亦會尊重別人的看法和意見。」

結果：「你贏——我贏。」這種合作型的工作方式對每一個人均有益處。因為它鼓勵各方全力參與和溝通，所以在一些爭論點和利益上得到澄清，得到共同的決策，積極執行協議後的解決辦法。每個人都了解發生了甚麼事，並加入解決問題。這個過程建立了信任和加強彼此的關係，因為每一方都自覺被看重和尊重。由於決策是由各方提出的，所以他們在遵行時會比較投入。牽涉在內的人學習怎樣成功地處理衝突，這同時使他們有更大的信心和祕訣去處理繼後的衝突。

適用時機：用這種方法處理大部分的衝突都比較理想，特別是那些涉及長遠目標和關係的。因為這種形式主張小組一致性，所以比起其他的形式，所需的時間較長。在長時期而言，這是值得花上額外的時間和努力的，但若時間太短，就不大可能使用這種合作型的形式。而且參與者也必須比較成熟，且要有足夠的耐性去處理一個較為危險和高要求的過程。

四、妥協型（狡猾的狐狸）

格言：「彼此讓步。」

思維：讓每一方都得到部分的勝利，同時蒙受部分的損失。這是根據「獲取和給予」的哲學，透過商議交換彼此的利益和目標。由於妥協者認為沒有辦法可以盡如人意，他的目標是，讓每一方的人的要求至少能得到部分的滿足，而同時亦不影響大家的關係。這種形式是政客、集體交易者和國際談判最常採用的。

行動：採用此種方式的人，都會選取每一個提案的部分內容，而不是任何一個的全部。他們會選擇磋商、協議及交易的方式。「我們會同意這個，如果你同意那個。」「我們願意給予你想要的這部分，如果你肯給我們想得的那部分。」這裏給我們一個信息：「我們必須提出我們個別的要求，達致各方和各機構的共同利益。」

領導者採用此方式必須夠果斷，並有彈性地處理，使每一方能平均取得其想得的目標和抱負，同時又作出同等的讓步。這種方式需要說服力，有時甚至要作一些巧妙的處理，以達致一個各方皆有所得的解決辦法。而最好的辦法，是找出一個既有創意又有效的協議，過於得出一個不太符合的共通點。

結果：「我們都各有輸贏。」從負面的一方看，採此方式只會得出一個更差又不大有效的辦法，人們不會熱心投入去履行作出的決定，同樣的衝突問題會換過一個「新模式」而重複出現。表面上已解決的問題並非真正得到解決。雙方的競爭在不顯著的情況下持續下去，使彼此關係變得緊張。兩方都會花上時間和精力，且發現另一方在商議中堅持自己的一套。

從正面來看，雖然這方法使兩方面都犧牲了部分的利益和目標，但得出的妥協起碼在事件和關係上打破僵局。每一方都可以得到一些想要的東西，雖然他同時會失去一些想得的東西。在放棄「最好」的同時，通常也可以達到「次好」的結果。

適用時機：妥協這策略通常是合作不遂時才決定。妥協適用於：

- 爭持雙方勢均力敵，固執地堅持不同的目標和解決辦法。
- 各方所持的目標和決策皆可取和有價值，而分歧並不值得去爭拗。
- 在急於得出一個權宜之計時，沒有時間在全面的考慮下作出另外更好或一致的意見。

• 妥協只能在某些東西可以作攤分或交換的情況下產生。在某些根深蒂固的神學理念、價值觀和傳統上，這種形式很難解決分歧。

五、爭競型（侵略鯊魚）

格言：「我必得著我所要的。」

思維：要取勝。採用這種形式的人相信一套哲學：衝突只有兩個可能性——非勝則敗——勝利當然是比較好的。但爭競的一方不一定是想傷害對方或破壞彼此的關係。其實只是他認為自己的意見、價值觀和目標都是最重要的。為了達成目標，寧可犧牲彼此的關係。他的態度是：「我不容許有人阻止我達成我的目標。」

行動：獨斷獨行，甚至專橫。競爭者或以溫和的外交手腕，或施以強權，但目標仍只得一個：就是要取勝。他深信給及取的道理：「你給、我取。」通常他都不願意在自己的想法以外，再乖乖與人合謀對策。反而會為自己的緣故，設法淩駕他人。在必要時，為了清除異己，也會加以阻擋他們，甚至作出恐嚇。或只固執地堅持己見，以削弱對方的勢力。他所傳達的信息是：「我知怎樣做對所有人或機構是最好的。只有我的辦法行得通。」

結果：「我勝——你敗。」長期以此方式待人，結果會令輸的一方或是順從，或是徹底的抗衡。在衝突中，這通常會使爭持雙方產生一個兩極化的局面——一個「我們對你們」的環境，也會留下難以磨滅的傷口，令這個衝突差不多無法解決。爭競型同時會產生一種結果，「輸家」對於要被逼執行有違他們意願的解決辦法或目標時，當然不會熱心。這樣處理衝突，會使輸家愈發感到沮喪，對勝利的一方愈生仇視感。

適用時機：

- 當一定要作出一個決定，而又要迅速採取行動時。
- 當領導者要作一個不討好、但必須的決定時。
- 當一些特別事件對一個人尤其重要時，他與公司的將來建基於他能否在這次爭拗中取勝。
- 當一個領袖十分肯定自己的解決辦法是最好的，而這個決定對整個機構和小組極其重要。但必須留意的地方是，要肯定這個解決辦法真是最好的。在很多情況下，他人的意見都有助改善目標和解決辦法。

II. 處理衝突形式的重要原則

一、衝突中的兩個基本考慮

每當我們處理衝突或牽涉入其中，我們需要緊記，每個人都會有意識或下意識地考慮到以下兩點：

1. 看重關係。這點是以人為中心的，集中說明衝突如何影響牽涉的人及他們之間的關係。在教會或宣教團體，以合

一的心去工作是極之重要的，因為這樣能令工作更有效率和得到更大的收穫。我們不希望為了達至一些短暫的目標或成效而犧牲長遠的人際關係。

通常認為人與人之間的關係遠比事情或某些目標重要的人，都會採用隨和形式處理衝突。

2. 看重事件及目標。這點集中於說明衝突如何影響個人及羣體的利益和目標。有效處理衝突的手法不只在減輕人與人之間的緊張氣氛，更需要開放地和有創意地處理問題，定下可行的目標、作出明智的決定，令我們的工作與事工可以更上一層樓。

看重事件與目標而忽略人與人之間的關係的人，通常都會採用爭競形式處理衝突。兩者都顧及的人，則會採用隨和或妥協的形式處理衝突。

二、改變及改進我們處理衝突的形式

每個人現有的處理衝突形式是從個人經驗及觀察別人所得，但都沒有經過有意識的思考。這裏的意思是：我們是可以學習新的處理形式及自覺地選擇採用最有效與對各方最公平的處理形式。

如前所及，每種處理衝突的形式都有獨特的態度及行動。若我們要改變處理形式，就必須：

- 改變我們的態度。這包括我們如何看衝突及我們想從處理衝突的過程中看到甚麼。

- 在每一個衝突的情況中，定下一個承諾讓個人投入在尋求達到最理想的結果。我們需要投入其中，而非抽身或退縮。
- 面對一個健康的衝突處理過程，要確定我們的行動和表現可以反映我們在態度上的轉變和個人的委身。

三、各種形式都有其適當的用處

之前提及的處理衝突形式，我們看到每種形式都適用於某些情況下。最重要的是，我們學會在每個特定的衝突中使用適當的形式。這表示我們需要：

1. 學習彈性地及刻意地使用某方法去處理衝突。最理想是學習使用全部五種形式，而不只是兩三種。每種形式總會在某一時間、地點或情況下適用。重要的問題是：「在某情況使用某種方式的可能後果是甚麼？」「哪一種形式最適合處理這次衝突？可以最有效處理事情、作最好的決定和保持各人的關係？」

2. 學習先用互相協調的形式。其中的三個形式——迴避、爭競及隨和型——偶然在適當的情況下使用會是有效的。但若只採用這方法的話，就會破壞健康地處理衝突的過程。反之，若貫徹使用互相協調的方法，組織或羣體裏可彼此

建立信任的態度，使人與人的關係更密切，成員都能有信心地處理衝突，最後得出正面的決定。

如果我們盡了力要達至互相協調，但仍陷入僵局，通常會建議採用合作性妥協的方去。若不奏效，最好改用隨和型，然後才是爭競型或迴避型。在後來提及的四種方式，最好是用在短期目標及決定上；而在作出重要及長遠的決定時，羣體中要堅持採用互相協調的方式。

四、後備方法是非常重要的

在一個持續的衝突中，氣氛會愈來愈緊張。若我們慣用的方式未能達到預期的效果，我們通常會改用另一種方法，這種方法要麼就是更弱的攻勢，要麼就是更強的。清楚認識自己的後備方法，可幫助我們預測自己在緊張氣氛中的反應。我們會抽身離開這個衝突？還是向他人屈服？我們嘗試討價還價、作出交易，還是為每件在「枱上」的事情談判一番？還是，我們會因求勝心切而動粗？由於很多衝突都會愈趨嚴重，我們的後備方法與先前慣用的方法同樣重要，當我們發現情況轉壞時，我們知道可以怎樣做。

總結

我們這些參與事奉的人，是很需要在自己所用的處理衝突形式上有所成長。在一項調查中，訪問了二百位教會領袖，羅伯特·戴爾（Robert Dale）[1]發現他們在使用處理衝突形式的次序上有點混淆。教會領袖會先妥協，若這個行不通，他們會嘗試迴避分歧，下一個方法就是選擇隨和型，遷就其他人。若這樣仍不能解決問題，他們便會嘗試互相合作，最後一擊才是爭競型。所以整個次序是：妥協——迴避——隨和——互相合作——爭競。

遷就很少是他們先用的形式，而其實它經常在差不多最後才用到。大部分人都會先妥協，因這是非常安全又不用太多創意的形式。若這方式行不通，下一個反應是避免分歧或逃離衝突。這些都是負面或不大開明的做法。我們處理衝突的模式是否都是這樣？若我們是這樣的話，那麼我們絕對需要改變對衝突的態度及處理的形式。

這一部分的其中一個重要目的是：讓我們分析自己現有的處理衝突形式，並在我們個人牽涉入衝突時作出必須的改變。

註釋：

1. Dale Robert D., *Ministers as Leaders* (Nashville: Broadman Press, 1984), pp.80~81.

課二問題

小組問題討論

1) 試為下列所描述的情況指出其使用的形式：

a 甲在衝突中要保證每個人都不受「傷害」及不破壞人與人之間的關係……甚至在有需要時，犧牲個人目標及利益。

b 乙在衝突中要保證可以達至個人目標及利益，甚至在有需要時犧牲與人所建立的關係。

c 丙在衝突中很少（甚至沒有）想到要保持人際關係或達至個人目標的信念。

d 丁對於在衝突中保持人際關係及達至個人目標與利益上同樣有強烈的信念。

e 戊在衝突中願意作出任何協議。在達至較可接受的解決辦法時，又儘量保持人際關係，縱使並不是一個理想的做法。

2) 哪一種衝突處理形式處理一般的衝突是最好的？為甚麼？

3) 你認為哪種形式居次？為甚麼？

4) 哪種形式在恆常使用時，會對牽涉者和組織或羣體的長遠發展造成最大的傷害？為甚麼？

5) 在甚麼情況下沒有任何處理形式是最理想及最適當的？

6) 在任何衝突情況中，牽涉者的兩個主要考慮是甚麼？

7) 你的後備處理形式有甚麼重要性？

個人回應問題

1) 當採用迴避衝突的形式時，誰要負責處理這次衝突？
2) 在哪種情況下適合刻意使用迴避衝突的形式？
3) 若有人使用隨和型形式，誰是衝突中的勝利者？
4) 人際關係是否在某些時候比衝突中的問題更為重要？這情況何時出現？
5) 合作型的形式是要達到甚麼結果？
6) 合作型的形式在何時不適用？
7) 妥協型與隨和型及合作型的形式有何分別？
8) 使用妥協形式的主要考慮是甚麼？
9) 妥協的形式在何時適用？
10) 使用爭競形式的人的主要考慮是甚麼？
11) 爭競的形式在何時適用？
12) 試想想你最近牽涉在內的衝突。
    a 你自己牽涉其中而你是被傷害的一方。你使用了哪種形式來處理？
    b 你作為第三者（裁判）幫忙排解衝突。你使用了哪種形式處理？
    c 你最常使用哪種處理形式？你主要使用的後備形式是哪一種？
    d 試問問幾位相熟的朋友，讓他們說出你常用的衝突處理形式和後備形式。

課三
聖經與衝突

聖經告訴我們衝突如何開始，何時會結束，而且有很多篇幅教導我們在開始到結束這個過度期應如何處理衝突。聖經中神的子民常經驗及面對衝突，這是非常清楚的。這些衝突，不論是處理得好還是處理失當，聖經都有詳盡的描述，我們從這些聖經事例中可以學到很多功課。

當亞當和夏娃被造的時候，地上的人與自然界和諧共處，神與人有親密的交通。人享有自由意志和創作空間，只是不可吃那分辨善惡樹上的果子。人類的不信及不服從神話語的罪，破壞了這種和諧及神與人的親密交流。從此以後，衝突進入了人類生存的每一個角落——與神的關係、與人的關係及與自然的關係。

聖經所記載的救恩告訴我們，上帝主動修好祂與人的關係以及人與其他事物的關係。可是，除非我們完全接受神，否則我們的改變既不完全，亦不完整。故此，即使是基督徒，我們必須接受一個事實，就是我們要處理那些影響我們每個人生活中每一部分的衝突。學習運用神的恩典和智慧去處理衝突是我們在生活中及事奉中其中一個很大的挑戰。

我認為在這一系列的探討中，這課尤其重要。首先，沒有其他東西比聖經本身更具權威；其次，我相信沒有比利用聖經事例去教導國家領袖及教會更有效。他們會記得聖經中的衝突處理事例多於其他任何資料。由於這些聖經事例相當實用，亦適切我們今天的需要，領袖們會較容易將這些教導應用在教會、事工及人際關係中。

在本課中，我們首先會看看聖經記載有關衝突的一些典型例子，它們會根據所屬的關係而分類。然後我們會探討及分析七段描述不同種類衝突的經文，看看當中的人物如何處理。這一部分的目的是：

- 認識有多少衝突是神的子民的經歷中不可少的部分。
- 讓我們知道聖經有多少篇幅描述衝突，並知道聖經在教導我們如何處理衝突有多寶貴。
- 我們選取了七段描述衝突及處理衝突的經文，學習聖經人物在不同處境中怎樣處理衝突。
- 學習從衝突的角度去看聖經所載事件。我們會傾向將聖經神性化，給予聖經人物一個崇高的位置。我們的屬靈「英雄」怎會牽涉入嚴重的衝突中？當我們小心地去研考聖經時，我們會發現衝突在很多聖經事例中是一個重要的動力，所以了解這幾段經文是非常重要的。

I. 聖經中衝突的種類

一、個人內在的衝突

- 詩三十二：大衛因著自己的罪而經歷內心的衝突。
- 詩七十三：亞薩因為看見生命中的許多矛盾而產生內心的衝突：惡人享安逸、義人受苦難。
- 太二十七 46：耶穌因感到被父神所離棄，所以經歷強烈的內心衝突。

- 羅七 14～25：保羅因自己內裏的罪性經歷內心的衝突。
- 腓一 22～24：保羅說：「我就不知道該挑選甚麼。我正在兩難之間，情願離世與基督同在，因為這是好得無比的。然而，我在肉身活著，為你們更是要緊的。」

二、人與人之間的衝突

- 創二十七：雅各和以掃為長子名分起衝突。
- 撒上十九：掃羅因嫉妒大衛而發生強烈的衝突。
- 約伯記：對衝突有力的記載，有關約伯與他三個朋友及上帝與約伯的衝突。
- 阿七 7～17：先知阿摩司及伯特利的祭司亞瑪謝的衝突。
- 約拿書：大量描述約拿與上帝的衝突的篇幅。
- 雅四 1～3：個人不正確的私慾及動機造成人與人之間的衝突。

三、羣體內的衝突

- 創三十七：約瑟的哥哥們因為嫉妒而與約瑟發生衝突。
- 出三十二：因金牛犢使摩西及以色列民發生衝突，接續而來的是摩西與神的衝突。

- 民十二 1 ~ 15：亞倫與米利暗和摩西發生衝突，因為亞倫與米利暗不滿摩西的領導。
- 約十一：耶穌與門徒為應否返回猶太去而發生衝突，因為返回猶太可能會遇上危險（7 ~ 16 節）；接著耶穌、馬利亞及馬大為拉撒路的死，耶穌未能趕及醫治而發生衝突（21 ~ 32 節）。
- 徒二十一 7 ~ 15：保羅與在該撒利亞的門徒為著保羅應否到耶路撒冷去而發生衝突。

四、羣體與羣體間之衝突

- 王上十八：以利亞與巴力的先知戲劇性的衝突。但實際上是耶和華與巴力的衝突。
- 尼四：尼希米的跟隨者與參巴拉及多比雅的跟隨者為重修聖殿而起衝突。
- 太二十一 12 ~ 16：在聖殿中，耶穌與作買賣的人發生激烈的衝突。
- 林前一 10 ~ 12（及三 3 ~ 4）：哥林多教會中不同羣體為教會領導的問題發生衝突。
- 腓三 2 ~ 9（及加五 7 ~ 12）：保羅與事奉同工及猶太人的衝突。他們爭論謹守律法會否是得救的條件。

II. 有關衝突的經文

在研究這幾段有關衝突的經文時，我們清楚知道當中的聖經人物並沒有刻意地採用某種處理衝突的「形式」。他們亦沒有在意有否應用或違反了一些好的處理衝突原則。他們多以聖經原則處理衝突，並尋求神所喜悅及可以建立祂國度的方法。這些人物卻巧合地運用了一些方法，有效表達我們一直在討論的衝突處理形式及原則。

一、創十三5～12：亞伯蘭與羅得

亞伯蘭的牧人與羅得的牧人因為土地不敷兩方應用而醞釀衝突。亞伯蘭及羅得所飼養的牲口愈來愈多，這使兩者及他們的牧人因需要而爭取多一些土地。

1. 這次衝突的發生是由於生活情況的改變和新的需要。與我們所想的剛好相反，財富增長及富足的生活本身經常會引起衝突。在亞伯蘭與羅得的事例中，昔日所分配的土地已不能滿足他們今天的需要。衝突的發生是由於兩者畜牧的規模正在增長，需要新的解決辦法。

2. 這次衝突仍在最初的階段，明顯地引致兩方牧人的爭執。我們要注意亞伯蘭在衝突發生到此有甚麼反應。他並沒有逃避這次衝突或假裝它沒有發生。反之，他看清問題，並

在情況轉壞前尋求解決方法。從亞伯蘭的行動，我們發現成功處理衝突其中一個重要的原則：愈早察覺衝突在醞釀中，便儘早處理它，我們便能更快及更成功地處理衝突。若我們在衝突初期想避免衝突或將它置之不理的話，這肯定會演變成更嚴重的衝突。

3. 亞伯蘭似乎用了隨和型形式處理這次衝突。在這事例中，亞伯蘭願意將結果交託神。明顯地，亞伯蘭十分重視與羅得的關係，並願為保持這段關係而轉化自己的個人目標。儘管羅得比亞伯蘭年輕，他卻可以優先選擇想要的地方，而亞伯蘭卻願意拿取所剩下的。原先，亞伯蘭作為長者和領袖是有權先作出選擇。

4. 處理這次衝突時，一個重要的文化因素亦成為當中的關鍵。這個文化因素就是重視對家庭的承擔。身為長輩的亞伯蘭，他深感自己有責任保護及照顧姪兒羅得。還有甚麼其他因素可以解釋亞伯蘭為要從幾位強大的王及他們的士兵手上拯救羅得，而作出別人看似魯莽的突擊行動（創十四章）？在當時的文化背景中，亞伯蘭除了拼命拯救他的姪兒外，他別無選擇。作為羅得的伯父及保護者，亞伯蘭有責任要保護羅得。同樣，作為宣教士，你們會身處一些文化底下，人們對家庭及朋友的特殊責任，會嚴重影響他們怎樣處理衝突。

二、太二十 20～28：耶穌與門徒

雅各與約翰的母親跟她兩個兒子來到耶穌面前，向祂提出一個特別的請求。她希望耶穌答應讓她的兩個兒子在耶穌的國得著榮耀的位置。簡單來説，她希望把最好的給她的兩個兒子；兒子亦希望有最好的給自己。他們所用的正是爭競型的形式，只求「我勝你敗」的心態，或至少是「我所得的比你多」。我們不能肯定他們有否要求母親代他們作出請求，但肯定的是，他們有一個有影響力的人代他們説話。耶穌又怎能拒絕一個為兒子代求的猶太裔好母親？但這就是我們大部分人在衝突處境中所作的事。若我們不清楚自己的能力有多強或有多少人支持自己，我們通常會尋找強而有力的人幫忙或有影響力的領袖為我們出頭。

當其他十位門徒聽到這事時，他們都對雅各及約翰感到憤怒，卻不是對他們的母親。門徒深信雅各及約翰二人是共謀的，試圖為自己爭取比其他門徒較高的地位。其實，其他門徒也希望自己得到榮耀的地位，或至少所有門徒都有同等的權利。他們不希望雅各及約翰的地位高於他們！我們在這裏看到的，其實是普遍的反應。採用爭競形式來處理衝突，若不是造成公然的對抗，就是火上加油，令眾人反應更為激烈。

從這事中，我們學到的重要功課是，衝突可以轉化成正面的經驗，亦是學習和成長的機會。我們可從耶穌如何處理這次衝突而看到這點。祂首先做到的是持堅定的立場

及有耐性地控制場面。祂並沒有重重的譴責雅各與約翰，或是其他十位門徒。反之，祂以一個有關捨身的問題試探他們，挑戰他們的態度與動機，他們尋求特別的地位；而耶穌則談及他們是否願意為祂的緣故受苦，然後耶穌藉此機會教導所有門徒兩個重要的功課：

1. 神國度的行政架構的功課。耶穌自己也是神權以下的僕人。決定誰坐在榮耀的位置上的是父神自己。

2. 真正為大的功課。我們被召，不是為爭取高位或是為自己找尋好處。反之，我們被召，在態度及行為上，都作神和他人的僕人。

三、徒六1～7：耶路撒冷教會與寡婦

在這次衝突中，我們再次看到一個轉變中的處境。昔日的安排與飯食供應不能再迎合今天的需要。教會正在迅速增長，寡婦的數目亦相繼增加。原先飯食的供應足以滿足他們的需要，但現在卻不足以供應每一個人，有些人因而被遺漏。本來是一個簡單的運作，現在卻需要更多行政上的監督與計劃。在這欠缺的情況下，說希利尼話的猶太人埋怨他們的寡婦被忽視。一次嚴重的衝突正在醞釀中。

從這段簡短的記載中，我們很難判別這次衝突是否處理得小心和恰當。它本身牽涉一個非常敏感的課題。若問

題被忽視或容讓眾人爆發自己的情緒的話，這可能會使希伯來人跟說希利尼話的基督徒分成兩派，甚至造成永久的分化。這個情況需要公平和決定性的行動。這次衝突不容許用很長的時間考慮各樣的解決辦法，但最後的處理方法卻需要容讓所有牽涉的人有發言權。

眾使徒一發覺出現衝突就主動解決問題。首先，定下清晰的指引，勾劃出處理衝突會用的過程，然後得出一個公平的解決辦法。使徒會看重整個過程本身，而耶路撒冷的信徒則會選擇分配食物給寡婦。這是一個十分好的衝突處理例子。請注意這次衝突處理過程中好的方面：

1. 使徒一開始就為自己的事奉訂下優先次序。教會需要他們在傳道及祈禱上的領導。他們認識到要自己分散注意力管理飯食是錯誤的。這對牧者與宣教士是一個重要的提醒：我們不應因擔上較次要的責任而放下了主要的事奉。

2. 使徒為衝突的解決方法訂下指引：「弟兄們，當從你們中間選出七個有好名聲、被聖靈充滿、智慧充足的人。」會眾中要選出七個合資格的人管理飯食，而使徒就列出這些資格是甚麼。

3. 信徒自己選出這七個人。他們對於要作的決定有「主權」。由於他們在決定過程當中共同參與，他們會較容易接受及支持所選出的領袖。有時我們可能會覺得，若將決定權留

給會眾，我們很難相信會眾能作出明智的決定。但這裏我們卻看到一個會眾作出了明智抉擇的例子，並看見神豐富的恩典。會眾所選出的七人都是說希利尼話的。由於被忽視的是說希利尼話的猶太寡婦，所以便選出說希利尼話的猶太領袖主持大局。這能有效地平息議論，由於眾領袖是由兩班人共同選出，被委任的領袖知道處事時要份外公正和不偏不倚。

4. 處事時亦看重人。在這個例子中，有問題需要解決，並需要作出改變。但它們並不止於此，它們是幫助有需要的人的途徑，過程中亦幫助眾人有所進步。

5. 這次衝突能果斷地及有創意地處理，帶來好些短期及長期的好處：

- 寡婦與其他人一樣得到足夠的供應。（這是隱含的，因為問題沒有再被提及）。
- 神的話有效地被傳揚（7節）。
- 耶路撒冷教會經歷大增長（7節）。這無疑反映了旁觀者欣賞教會在處理這事上的公正及成熟表現。而其實所有人亦在看我們作為信徒的，如何處理問題及衝突！
- 透過學習前人的領導經驗，教會的新領袖的身分開始被認定，也得著實用的訓練。其中有幾位在後來成為出色的傳道者和教會領袖。

- 從當時起，教會出現了一個新領袖階級，他們任命為「執事」。（參1節：「天天的供給」）這些領袖在差不多二千年後的今天，仍在祝福今日的教會。
- 耶路撒冷信徒有更大的信心和能力，解決自己的問題，並能處理內部的衝突。

四、徒十五1～35：耶路撒冷會議

一宗非常嚴重的衝突在猶太人與非猶太人間正在醞釀中，我們可從使徒行傳十一章1至3節中看到事態的發展。猶太人一派來到安提阿教會，教導外邦歸主的男性有關接受割禮才可得救，這引起保羅與巴拿巴跟猶太人間的「嚴重紛爭」。（新國際譯本，2節）

就如之前的例子一樣，這次處理衝突過程中的步驟表現得份外有智慧及成熟。

1. 基督徒中沒有一方被忽視（2～5節）。保羅與巴拿巴大概可以在安提阿教會處理這事，而將耶路撒冷教會領袖置諸事外。但這可能會引致幾個負面的結果：

- 耶路撒冷中較年長及傳統的一羣人會感到被輕蔑和忽略。但與耶路撒冷母會領袖談及此事，能加強互相尊重與欣賞的感覺。
- 猶太教會與外邦教會可能會出現分化。但為了維持合一的局面，保羅與巴拿巴將教會中所有涉及的羣體都融入會議中，包括主張行割禮的一羣。

- 保羅仍被耶路撒冷教會一些領袖懷疑。若保羅嘗試在沒有知會他們的情況下解決這次衝突，他們可能認為保羅是個獨行獨斷的異見者，不可信任。長遠來說會破壞保羅的領導和可靠程度。

2. 容讓反論調的支持者完全表達他們的論點及信念（5～7節）。在發表意見的過程中，重心領袖並沒有操縱整個討論。

3. 他們看來達至高度的互相信任及尊重。會議並沒有演變成互相責難，而每一方都願意聆聽另一方的爭論點。

4. 所有人都接受的彼得，是第一位在這事上表達他的信念的主要領袖（7～11節）。這是適當及非常明智的做法。彼得所說的正好為保羅及巴拿巴繼後所持的主張鋪路。

5. 雅各是議會的調停者，也是耶路撒冷教會的領袖，他為整件事打完場（13～21節）。有趣的是，雅各在這裏回應彼得所說的話，而不是保羅的話，由於保羅是一個具爭議性的人物，這樣做無疑能令各方人達成共識。

6. 解決這次衝突用了互相合作及妥協的形式。

- 在牽涉救恩及恩典教義的重要事情上，妥協是不可能的。

- 在較次要的儀式上，合理的妥協是容許的。在一些可能會冒犯猶太基督徒的敏感事情上，外邦人被教導要尊重他們的猶太弟兄，棄掉這些儀式。（19～20、28～29節）

7. 議會與牽涉在內的教會有最快及清晰的溝通。他們為求達至最佳效果，在與他們溝通時，除了以書面形式表達外，也親自與他們交代。

摘要

在耶路撒冷的議會是使徒行傳當中最重要的事件之一。若衝突未被調解，議會作了錯誤的決定，早期教會便會被分成兩個敵對的派別。這對所有教會，尤其是外邦信徒的教會，造成非常大的破壞力。幸好，這次衝突處理得當，處理這事的人智勇俱備，奠定了基督教教義中得救本乎恩的重要基石，亦為外邦人打開了信主之門。

五、徒十五36～41：保羅與巴拿巴的爭論

直至這裏，身為教會領袖及宣教士的保羅和巴拿巴，一直合作得非常愉快。巴拿巴相信保羅重新認信，其後他更鼓勵及提拔保羅在安提阿及耶路撒冷事奉（徒九26～29，十二25）。他們一起完成了第一個主要的宣教旅程。我們看到他們剛在耶路撒冷議會中同心事奉，他們在當中

本於得救在乎恩典的教義，認為外邦人同樣在上帝的救恩上有分。故此，他們二人必定能互相尊重、互相照顧及互相欣賞。

但現在保羅與巴拿巴發生了極為激烈的抗衡。保羅向巴拿巴提出第二次的宣教旅程，巴拿巴希望再次攜同稱呼馬可的約翰同往，但保羅認為這是不智的。在這次激烈衝突中，他們深厚的感情並未能助他們達至共識。39節中簡潔敍述：「二人起了爭論，甚至彼此分開。」真是可悲！兩個親密的朋友兼熱心的同工就此分道揚鑣。

1. 保羅與巴拿巴在這次衝突中皆表現得非常爭競性。對保羅來說，宣教事工的成就是最重要的，他主要關心的是福音工作。保羅強烈地感到約翰馬可在第一次宣教初期撇下了他們而回家（十三13）。他希望同行的人能負起宣教生活的考驗，並被訓練作更大的宣教使命。但另一方面，巴拿巴希望給予約翰馬可第二次機會，他所關心的是人本身。他可能覺得馬可的幸福、健康及未來的宣教事工出現危機，而現在他需要以行動來證明自己的能力。無疑他覺得馬可已受了一次教訓，現在的他較之前成熟，在第二次宣教旅程中，他應該會做得較好。

保羅與巴拿巴均對此事有強烈的感受，他們都決心要勝過對方。衝突的結果是兩位好勝的教會領袖各走各路，二人都不願屈服。明顯地，二人都覺得自己的決定及行動是對的。重點是，二人有著很不同的計劃。

2. 在這次衝突中，背後有兩個非常重要的因素。其中一個因素是關乎文化及家庭的。家庭在猶太人的文化中非常重要，就如亞伯蘭與羅得一樣。（創 13 ～ 14 章）巴拿巴覺得自己有責任照顧姪兒馬可，由於保羅沒有家庭包袱，所以他對約翰馬可的事可以完全客觀。不過，巴拿巴就不能享有這個好處，他可能覺得，除了站在姪兒一方外，他別無選擇。

第二個背後因素是一個在耶路撒冷會議後冒起的人物，這人就是西拉。西拉被稱為耶路撒冷基督徒中的首領（22 節）；他願為基督不顧性命（25 節）；他亦是先知與教導者（32 節）。西拉經歷過試煉，具備足夠的條件和能力在宣教上當保羅的最佳拍檔。我個人相信，從使徒行傳十五章中所描述的事件開始，保羅一直在觀察西拉，並可能在考慮找他作為自己的夥伴。可能在保羅心目中，在他與巴拿巴還沒有發生爭執前，他已作了決定，找西拉作福音旅程的夥伴。

任何衝突，我們必須注意，每個被捲入衝突的人，都有自己的喜好、責任和既定議案。很多時它們都不那麼清晰，但這些因素就正深深影響各人在衝突中的想法及背後行為。在處理衝突時，我們需要將這些找出來，並澄清每人背後的取向及文化因素。這都需要對人及他們的感受有敏銳的觸覺及明白當中涉及的文化背景。此外，提供一個空間讓牽涉在內的人作開放及坦誠的溝通亦是需要的。

3. 在這次爭論中雙方皆有對有錯。保羅與巴拿巴二人的想法及決定均有其合理的原因，但其實他們可以將這次衝突處理得更好。例如二人可以透過較開放的討論、不那堅執，針對事件多從對方的意見及立場出發去考慮。這個對策既可兼顧巴拿巴關顧馬可的問題，亦同時可幫助保羅有效地推行福音事工。保羅可能會答應與馬可作一次認真的傾談，若保羅滿意他的委身，便可帶他同行作第二次的宣教旅程。巴拿巴亦應該同意若同樣的事情一如頭一次旅程般再發生，馬可便不應再被邀請與保羅同行。但另一方面，若馬可在第二次宣教旅程中表現理想，這便肯定了他自己的價值。

4. 雖然這次衝突的處理看似失敗，但結果對我們十分有意義。儘管這兩位好朋友及同工分道揚鑣，但他們仍繼續前行並熱心事奉。有時雖然我們盡了所有精神及能力解決衝突，但仍未如我們所想的那樣正面和成功。不過這並非一個完結，我們仍要活下去。保羅與巴拿巴繼續他們各自的旅程。現在有兩隊宣教隊伍向外邦人傳福音，而兩隊都很順利。一個新的宣教領袖——西拉因這次衝突而冒起；約翰馬可也成為一個有紀律及多結果子的神的僕人。（西四10；提後四11）

慘痛的事實是：在一些衝突事例中，我們的意見、信念或性格與另一方實有天淵之別，繼續合作是不可行的。有時最好是承認衝突處理的失敗，並有信心與新的夥伴繼續向前行，重新努力投入事奉中。正如保羅自己所說：「⋯⋯

我只有一件事，就是忘記背後，努力面前的，向著標竿直跑，要得神在基督耶穌裏從上面召我來得的獎賞。」（新國際譯本，腓三 13～14）

六、加二 11～21：保羅與磯法的爭執

這次衝突涉及非常基本而重要的教義真理——得救本乎恩及外邦人在神的殿中與其他人是平等的。但引起這次衝突的特別原因，是磯法的行為——他的行為與福音真理不一致。這位磯法（彼得）正是那位曾撇除偏見，聽從神差遣向哥尼流及他的家人傳福音，（徒十章）他亦曾堅決認為教會應容納外邦信徒，（徒十五章）但在安提阿他卻表現得判若兩人。在那裏磯法已慣了跟外邦信徒一起進食與相處。但當奉行割禮的猶太基督教領袖從耶路撒冷前來，磯法卻因懼怕他們的批評而要與外邦人隔開。其他的猶太基督徒，包括巴拿巴，都跟從磯法所作的，保羅感到他倆的行為有損他們所傳的福音真理。

保羅決意立即當面挑戰磯法的行為，直斥磯法「裝假」。（13節）在這情況下，保羅採用妥協或合作方式都不太適當的。而這次衝突的逼切性與本質令合作的形式是不恰當的。保羅在這情況下需要非常果斷、立場亦要堅定。這並非保羅個人的勝與敗，而是福音真理的得勝。故此保羅在這衝突中的爭競性及對抗態度是正確的。從這段經文中，我們可學到幾個重要的功課：

1. 在一些衝突中，對與錯是非常明顯的，而利害關係亦很重大，在這情況下我們定要決心求勝。這在重要的教義及倫理問題上尤其重要。保羅用此形式是正確的，他亦知道這點。但我們應該保留在別無其他選擇的情況下，使用爭競形式。

2. 大部分衝突都不歸入這一類（對抗性的）。大部分衝突通常都牽涉可以讓人坦誠討論、談判和共同作決定的問題。在這些情況下，應先用合作型或妥協形式。

3. 保羅在眾教會領袖中建立了威信，受人景仰。因他的威信，他有說話的權柄，也正因為他這份「個人權力基礎」，使他在其他教會領袖面前顯得果斷非常。若保羅不是一位眾所周知的正直公正的屬神領袖，他便不能與磯法抗衡。

4. 保羅準備充足，他維護真理時顯得完全和有力。儘管我們深信自己的理念、目標及計劃是正確的，在要考慮的事情上，對資料、背景及事實必須準備充足，這功夫不可少。

七、腓四2～3：腓立比教會的分化

到目前為止，在我們所談及的聖經事例中，衝突都是在出現初期便發覺及處理，但似乎這次出現在腓立比教會的衝突並不是這回事。衝突最初可能因某些問題而引起，但經過相當時間，這事集中在兩個主要人物身上。原本是兩個能幹及意志堅強的女人之間的爭執，卻演變成一件影響整間教會及旁觀者的衝突。我們可從保羅如何處理這次嚴重的衝突中學到很多功課：

1. 在整篇書信中，保羅為解決這次衝突而鋪路。大概整個教會都牽涉入這次衝突中，或是受這次衝突影響，因為保羅向所有會眾說明大家要同心，並在靈裏及目標上合一。保羅在書信中告誡他們要撇除私慾、狂妄自大及自我中心，並學習先考慮他人的利益及所關注的事。明顯地，他們當中很多人並未做到這點。

2. 保羅圖謀建立一個友阿爹、循都基及他們的跟隨者都會贊同的真理基礎。保羅列出這衝突需要處理及解決的幾個重要原因。他們現在所作的與基督徒所當作的剛好相反（二 1 ～ 4）；也完全不合乎基督自己的處事態度及樣式（二 5 ～ 8）；在世人面前這是一個不好的見證（二 12 ～ 15）。

3. 保羅在這衝突中毫無保留自己的情緒及感受。作為腓立比教會的始創人，他知道自己的身分有如信徒的父親。他讓他們知道這衝突令他有多痛心及憂傷。（二 2上、16、19，四 2）

4. 在書信末段，保羅直接向友阿爹及循都基説話。他公然對抗牽涉衝突的兩方，並告誡她們要解決長年累月的分歧。他還告訴她們從何可得到能力完成這艱巨的任務，而這能力是「在主內」找到的。（2節下）

5. 保羅在有需要時，委任客觀位置的第三者作適當的中間人作調停（3節）。由於這衝突看似維持多時及已經根深蒂固，兩個女人在沒有別人的幫助下大概不能調解她們之間的分歧。保羅看到這人具有所須的條件及合適的屬靈素質作為這次衝突的中間人。保羅稱他為「真實同負一軛」—把人們連繫合一的「和事佬」。

總結

我們可以肯定聖經有很多關於衝突的教導。從這幾段我們思考過的經文中，我們可以看見衝突的起因有很多：

- 因情況有所改變而須作出新的決定。
- 明顯或感到不公平及偏袒的對待。
- 需要適切的解決辦法及供應來滿足新而迫切的需要。
- 在教義、傳統及儀式上的不同信念。
- 對人、事工及目標有不同的意見。
- 性格及領導上的抵觸。

從我們之前看過的案例中，另一重點是若衝突得以妥善處理，就能得出嶄新而有創意的解決方法，而這些方法到今天仍在影響及祝福我們。妥善處理衝突還可以產生以下的結果：

- 信仰更堅固。
- 確立重要的價值觀及原則。
- 教會在世人面前有更好的見證。
- 發展成既新且更強而有力的領導層。
- 教會及教會領袖有更清晰的方向。

課三問題

1）***亞伯蘭與羅得（創十三5～12）***

a 這兩人的關係一直是怎樣的？

b 在這情況下，衝突的起因是甚麼？

c 這次醞釀中的衝突怎樣使其顯然易見？

d 誰察覺並主動處理這次衝突？

e 亞伯蘭使用了甚麼衝突處理形式？

f 你認為使用這方法恰當嗎？為甚麼？

g 這次衝突有甚麼正面的結果？

2）***耶穌與門徒（太二十20～28）***

a 衝突的起因是甚麼？

b 雅各、約翰及他們的母親表現出他們甚麼樣的動機和「態度」？

c 耶穌怎樣「處理」這次衝突？

d 耶穌怎樣利用這次衝突教導門徒，令他們成長？

3）***耶路撒冷教會與寡婦（徒六1～7）***

a 耶路撒冷教會發生甚麼衝突？

b 這次衝突有多嚴重？若處理失當會有甚麼影響？

c 這次衝突需要迅速解決，還是有充裕的時間想出另一個解決辦法？

d 這裏展現了甚麼衝突處理「形式」？

e 在解決這次衝突中，使徒擔當了甚麼角色？有甚麼重要的考慮引導他們解決問題？

f 信徒又擔當甚麼角色？他們的選擇如何顯出其超凡的智慧及恩典？

g 在這個成功處理衝突的個案中，在短期及長遠看來有甚麼正面結果？

4）***耶路撒冷會議（徒十五 1～35）***

a 這次衝突中的主要爭端是甚麼？在使徒行傳中，這爭端是否第一次出現？

b 誰是這次衝突的關鍵人物？

c 這裏看出用了哪項主要的衝突處理方法？處理的重點是甚麼？

d 這次衝突用了甚麼明智及正面的方法處理？

e 這次衝突成功處理後，得出甚麼正面及長遠的影響？

5）***保羅與巴拿巴的爭論（徒十五 36～41）***

a 直到這裏，這兩位重要領袖的關係怎樣？

b 在他們最近一次牽涉的衝突中，保羅與巴拿巴怎樣應對？（1～35 節）

c 這裏引起衝突的事件是甚麼？

d 在這次衝突中，各人最關注的是甚麼？誰是對？誰是錯？

e 二人有否花時間與努力找出對所有涉及的人最好的解決方法？

f 哪一種處理方法可以保持這段關係，並達到他們宣教的目的？

g 這次衝突到最後看來失敗，儘管如此，有沒有一些正面的結果？

h 從這個個案中，我們實際上學到些甚麼？

6) ***保羅與磯法的爭執（加二 11～21）***

a 這次衝突的起因是甚麼？所爭執的主要是甚麼？

b 磯法明白當中的道理嗎？保羅的動機如何促使彼得的行動？

c 保羅在這次事件中用何種處理手法？用「妥協」或「隨和」的態度恰當嗎？

d 為何你認為保羅施用權威去處理這次衝突是很成功？

e 你認為保羅可以用另一種不同或較好的方法處理這次衝突嗎？

f 若用自己的處理衝突方法，我們可以學到甚麼功課？

7) ***腓立比教會的分化（腓四 2～3）***

a 腓立比教會中的衝突的起因是甚麼？

b 你認為當中的兩個女人是怎麼樣的人？你認為她們各自有自己的追隨者嗎？

c 在整卷書信中，保羅如何為了排解這次衝突而鋪路？

d 若未能解決這次衝突的話，會產生甚麼反效果？（保羅在書信中曾向某些人提及的）

e 在四章 2 節中，保羅首先強烈提出使用甚麼方法？

f 在四章 3 節中他提議哪一個方法？為何這方法是需要的及這方法有甚麼好處？

g 若成功解決這次衝突的話，可有甚麼正面的結果？

課四

培養處理衝突的技巧

「不是衝突引起混亂和慘劇，而是不善和無效的處理方法興風作浪，而出現問題的原因往往是因為處理衝突時缺乏技巧，若衝突能有技巧地處理，它就變得有價值。」（莊臣）[1]

如今我們對衝突的看法，大概已有顯著的改變。我們知道引起衝突的原因、它對哪些人產生影響，亦考慮到它潛在的建設性和破壞性，但願我們面對衝突時，有新的看法和回應態度。聖經記載神的子民從前如何處理衝突，我們也從他們身上，學了寶貴的功課。

在這一章我們會更全面地研究，一個能成功處理衝突的調停人，需要培養些甚麼技巧。正如我們已經看過，衝突是一股動力，不是為一個機構或羣體造成極大的破壞，就是帶來非常正面的結果，這極在乎我們在過程中運用甚麼知識、領導方式和技巧。為幫助我們培養這些技巧，我們在這一章會學習：

- 衝突演變的階段，當問題仍未解決，且變得更有殺傷力時。
- 在衝突變得更嚴重之前，要儘快處理的重要性。
- 成功處理衝突的三個重要策略。
- 解決問題過程裏的步驟。
- 一個成功調停者的素質。

I. 認識衝突循環的階段

當有兩個以上的當事人，想按自己的心意而行，這就等於威脅到別人的領土，逼使對方起來自衛，要將事情搞妥當，這就啟動一個感覺行為的循環。當衝突循環從一個階段，發展到另一個階段，壓力就上升，行動變得更有破壞性。

肖查克在他的教學參考手冊 *How to Manage Conflct in the Church*[2] 提出了衝突的循環。了解這個循環，使我們可以評估一個衝突發展到甚麼地步，當事人的感受有多強烈。它有助我們回答那個問題：「這裏發生了甚麼一回事？」

若衝突持續了太長的時間，對方會將問題的真正核心轉移，他們會變得更自衛，更想擊倒對方。所有枝節問題都會在這時浮現出來，我們要將所有整理。了解衝突的循環，可助我們做到：

- 衝突一旦開始了，就會步向一個五個階段的進程。
- 任何一個階段持續的時間可長可短，但不會缺少任何一個。
- 衝突可在任何一個階段解決。
- 衝突愈繼續發展，就愈難正面解決。

一、張力發展的階段

所有衝突從這個層面開始。在衝突曝光前，我們會感到那份壓力在發展，所以我們要學習聆聽自己的感覺。

壓力顯示了有些人受到威脅或傷害，或經驗到某種失落的感覺。

在這個時候，人不太肯定有甚麼地方出錯，不敢說些甚麼，覺得問題實在微不足道。其實大家在這個階段，彼此之間仍有一定程度的信任與溝通，當事人還未受到甚麼大傷害，故此最適宜處理衝突。

在這個階段，調停人只需基本的溝通技巧。最好主動將雙方拉在一起，讓他們可以一起討論壓力的起因和怎樣處理衝突，這包括清除誤解，達成協議。若不在這個階段處理衝突，它就會進入第二個階段。

二、角色混淆階段

當事人在這階段會很混亂，不知道發生甚麼事，他會問：「誰引起衝突？甚麼事情引發這次衝突？」「我是其中一個引起問題的因素嗎？」「我和其他人要做些甚麼來解決它呢？」「在這衝突的處境下，我的角色是甚麼？別人期望我有甚麼態度呢？」在這個階段，對立雙方極需要彼此交談，一起界定：

- 牽涉的爭議。
- 促成衝突的改變或行動。
- 解決衝突所要做的決定或重新談判。

可惜，因問題似乎令人感到很受威脅，當事人不肯定他們在衝突裏應如何相處，大家在這個階段裏不能溝通。

起初他們覺得說甚麼都尷尷尬尬，現在對立雙方感到彼此受威脅，就索性終止來往，避免衝突。

在這個階段，調停人需要澄清角色的技巧。幫助衝突裏的當事人，明白自己怎樣在起初引起衝突，他們有責任要解決衝突，而結果是要所有人都滿意這個安排。

三、搜集不公平的階段

當事人開始感到，事情已發展到只會愈弄愈糟的地步，這是第一個真正危機四伏的階段。現在對立雙方開始分隔開，準備交戰，大家搜集每一個發生在過去或現在，真實或想像出來的不公平、壞傳聞，作為自己武器的一部分。

在這個階段，每一方都會為對方起一些稱號，批評對方為「老頑固」、「麻木不仁」、「不講道理」、「不公平」、「不屬靈和世俗」。現在對立雙方花盡精神去攻擊對方，而不是針對問題。

由於對立雙方不能再正面溝通，這需要有調停人插手處理衝突，除了上述的技巧之外，他還要具備：

1. 有肯定的信心和勇氣。他要有技巧使對立雙方都感到與對方是站在平等的基礎上；並給所有當事人一個保障，使所有人都能自由表達他們的意見和所關心的事。

2. 有屬靈權柄和夠成熟。在這階段，要解決的不單是原來的問題，更要處理當中的怨恨、猜疑、難聽的説話和舉動。若有需要，調停人或許要鼓勵大家道歉和彼此饒恕。我們作基督徒領袖的，當看見衝突變得負面和具破壞性時，千萬不可低估認罪和饒恕的重要性。

四、對質階段

因為當事人現在互相對質，故這階段會很敏感和有潛在的變化。若處理失當，雙方都會利用這個機會，證明自己的立場是對的，然後埋怨對方引起這個衝突。若理據讓了步，憤怒、辱罵和激烈爭論抬頭，它甚或會變成一個「大打出手」的階段。

但另一方面，若對質處理得好，這正是一個機會讓雙方看到衝突的破壞性，澄清和解決彼此的不同的重要性。在對質的階段，調停人需要有以下的技巧：

1. 有監察力和懂得調節壓力。調停人要知道甚麼時候該拖延，甚麼時候該主動對抗。後者的做法是增強壓力到一個地步，令每個當事人都説：「我們不能這樣繼續下去，我們現在就要做一點事。」

在此，調停人故意帶出一個不健康和持續的衝突，到一個危急關頭，叫雙方都厭倦鬥爭，準備找尋出路。希望他們現在準備好要付出時間和精力，進入一個解決彼此不同的過程。

2. 能把對質控制在可接納的範圍內。對質情況處理不善，會帶來持久的傷害和感情創傷。調停人要懂得引導對抗的過程，避免對當事人或大機構，造成持久的傷害。所以，要在可作出的某種溝通與態度上定一些指引；同時也引導當事人遠離企圖傷害對方的舉動，轉而作出解決衝突的行動。

五、調整階段

對質不能無了期，因它壓得雙方太重。因此，雙方都為了結束衝突而尋求調整。調整可以四個主要形式出現：

- 與對方斷絕關係。雙方各走各路。宣教工場上的不和、教會分裂、離婚、合夥人拆夥等，都是因為不小心處理衝突而引起。
- 要控制對方。「損失的一方」會變得被動、灰心，不太願意執行佔優勢一方的決定。
- 嘗試回到從前的光景。但因為有了些轉變，所以很難實現，也是大家不情願的。
- 商議出一個新的、大家都同意的契約和承諾。

調停人在這階段的有利條件，是對立雙方都厭倦了鬥爭，他們皆開放自己，願意接受任何一個可結束衝突的協議和承諾。在這個調整階段，成功的調停人需有以下技巧：

1. 有創意的想法。他要能夠令當事人接受新的可能性和方向，著眼於找解決辦法，而不是死盯著問題。

2. 叫所有當事人都全情投入的能力。當每位當事人都投入，調整和協議就可以很成功。

摘要

了解這個衝突循環，最關鍵是要明白衝突是一股動力。如果在第一個階段處理得不好，它就會發展到另一個階段。這時情緒和壓力都會增加，雙方的兩極化更明顯。

如果我們要作個成功的調停人，就要懂得分辨衝突目前究竟在甚麼階段，然後用合適那個處境的技巧和策略，處理那個衝突。我們如果缺乏必需的技巧，就要尋找途徑去培養它。這一章就是要幫助我們了解和培養這些技巧。

II. 在第一階段處理衝突

衝突無法避免，但若處理得好，就會變得可取和有建設性。所以，我們不是要避免衝突，而是要將它化為一個正面的過程，不讓它變得負面。要達到這個目標，沒有比在衝突初期，我們就學會處理它更重要。若在這一章，我們只學到這個功課，就已很值得了！

在醫療界，尤其在第三世界，重點已從「危機」醫護轉到預防性醫學。在危機護理裏，當有嚴重的疾病時，醫生護士就會介入。但若沒有處理致病的原因：受污染的水源、缺乏衞生、營養不良，那位病人就會反覆來求醫。預防性醫學，在另一方面，則集中處理影響人健康的根本原因，結果病人不必經常回來，求醫護人員醫治他們的急病。

對衝突也是如此。在它還沒有到危急關頭前，我們應致力早早處理它。在研究衝突循環時，我們已看到在衝突早期就把它處理好有多重要。但我們可以在宣教工場、教會和基督教機構做些甚麼，使這觀念成為慣常的做法？

一、建立結構和原理，有助於在早期處理衝突

在我們的宣教團體、機構或教會，我們要建立結構機制，有助我們趁早發現和處理衝突。我們也要建立一套觀點和態度，鼓勵我們持續和有效地討論、解決彼此的不同。以下是三個鼓勵這過程的建議：

1. 定期的職員和會員聚會。在同一個事工或地區工作的宣教士和當地同工，應習慣常一起祈禱、討論和處理出現的問題和爭議。比較嚴重的情況，應交給工場主管考慮和介入。

本地教會應有例行的傳道同工會、執事會、委員會、部門會議和會友大會。在這些會議，調停人要有技巧地鼓

勵與會者公開表達他們的感受和關注之事，但要有基督徒的持重與自制。在這些不同組合的會議中，我們仍強調最好能早早發現和處理出現的衝突。

2. 討論問題的小組。在大羣人中，例如一羣崇拜會眾，最好能分為小組，以鼓勵更多人參與討論衝突的議題。這樣每個人的意見都可以得到別人去聆聽，人人都可以發言。在某些情況下，每個小組都處理整個問題，在另一些情況下，可以讓每個小組處理問題的某一方面，然後向大組呈交他們的發現和建議。

3. 在機構各層面，推行坦率和持續的溝通為一貫的做法。宣教士、牧者或調停人在他們領導下的工作小組，應鼓勵和培養自由氣氛、坦率的溝通。這應包括：

- 讓每位成員有機會提出產生壓力的地方；對於這羣體正面對的爭議和問題，表達自己所持的觀點和感受。
- 定期澄清這羣體中的目標和計劃，並澄清對每位成員的期望。
- 定期調整成員在羣體中的角色與責任。（工場上的宣教士、駐工場員工、教會植堂隊工、學校教職員和教會同工等）

西班牙人有句話說："Arreglamos las cargas en el camino"（意即：我們一邊走，一邊調整負荷。）這正是我們在這裏的意思，處理得好的衝突，是要不斷地處理，並且在早期就著手處理。即是，當這些問題和爭議出現在我們日常生活、工作和計劃的正軌中，我們要認清並著手處理它。關鍵是坦率和持續的溝通！

二、懂得預防衝突

若要在衝突初期就能處理它，我們必須學習認清出現衝突的徵兆。我們要特別注意哪一些危機的徵兆？我們應該怎樣回應呢？

1. 留意以下常在衝突前出現的情況：

- 羣體中有人正經歷嚴重的問題，或在生命、事工和關係上有損失。個人的衝突，很多時會發展成與其他人的衝突。
- 重大改變迫近眼前。改變具有威脅性。每個人都會問：「它會怎樣影響我？」通常那些牽涉其中的人，他們的反應是：保護自己的地盤不被入侵或有所損失。
- 沒有處理一個長期的問題。沒有行動會引致壓力增加，很容易在衝突時爆發出來。

2. 留意人受困擾的徵兆，或許顯示一個衝突正在醖釀：

- 職員明顯多了投訴和批評。
- 對領導多了反抗。
- 反對機構的決定、計劃或政策。

- 沒有出席分內的會議。
- 組成反對黨。
- 團體的投票方式明顯改變了。

3. 與有關的當事人約一個時間見面，消除彼此的猜疑：

- 很多時人與人之間的衝突來自彼此的誤解或對現在正發生的事持錯誤的看法。這樣的機會可以清除誤解和沒有根據的疑慮。
- 或許有個真正合理的爭議在危急關頭。容許以足夠的時間找出問題的真相，並尋找好的解決方法。

III. 發展一個成功處理衝突的策略

調停人要在三個基本方向上處理衝突。這些包括衝突的資料、處理衝突的環境和一個解決問題的有效過程。成功的策略必會處理這三方面。

一、搜集衝突的必需資料

要處理衝突，第一步是要找出，到底發生了甚麼事。造成衝突或令它惡化，通常是因為虛假或片面的資料所產生的誤解而有所影響。因此，首先找出與衝突有關的事實和任何有用的資料尤其重要。有些資料或者不真確、不準確，但若其中一方把它看為真實和有用的，那就是可取和有用的。

1. 所需資料的種類：

- 衝突的源頭。衝突是如何開始的？為甚麼會這樣？誰引起這次衝突？甚麼改變、決定或行動促成了它？誰在這些決定和改變背後操控著？誰又受到這些影響？
- 衝突的本質。問題和爭議的核心是甚麼？這爭議是真有其事，還是基於人際間的積怨或性格上的不同而已？這爭議是否真的重要，值得花特別多的精力和時間去應付？
- 衝突的情緒。牽涉的人彼此對對方有甚麼感覺？他們之間有多少溝通？那又是甚麼類型的溝通？
- 衝突的階段。這衝突在衝突循環中發展到哪個階段？你若不干預，會發生甚麼事情？你需要外援嗎？
- 衝突的背景。這個羣體在衝突方面有甚麼經歷？那些衝突是正面還是負面的？雙方對衝突有甚麼感覺？當事人夠成熟處理衝突與對質嗎？

2. 真實資料的來源。資料的好壞在乎它來自甚麼地方。一些根本不知道發生了甚麼一回事的人，也會自動請纓提供資料。領袖常被引誘，向那些他覺得最親近，又最可信的人尋找最多資料。但這些合適的資料應來自：

- 所有直接牽涉在衝突中的當事人。
- 密切注意事情發展的人，尤其是那些最不偏不倚、客觀的人。
- 你自己作為處理衝突的調停人或領袖。

3. 搜集資料的方法。其實有很多種方法可以得出所需資料，但要視乎衝突去到甚麼階段和當事人彼此的關係。若當事人仍可作某程度上的溝通，彼此仍有信任的話，與所有當事人面對面討論，是搜集資料的最佳方法。另外，若雙方不可能坦誠討論的話，我們還可以用以下的方法：

- 由調停人或公正的第三者召開一個會議，邀請衝突中的當事人、了解事態發展的人參加。
- 小組討論。若所牽涉的人數眾多，如一間教會的會友，或做某項事工的大型宣教機構，這就特別有效。調停人或公正的第三者要與每個小組會面，從他們身上了解發展中的衝突。
- 問卷。當衝突牽涉很多人時，調停人需要知道很多人的看法，但在逐一訪問又不太可行時，這方法就最適合不過。

4. 分享資料。當所需要的資料搜集好，調停人就要召集所有當事人來，向他們匯報調查的結果。

- 最好用文字寫一份報告，除非那衝突是簡單又不複雜的。這報告要將資料分類，得出一個總結，有助於處理這次衝突。為使報告不太死板，令人感到有點受威脅，可以選擇用黑板，活動掛圖和投影機。
- 鼓勵回應。調停人要鼓勵人公開討論這份報告，藉此證實或修改那些資料。這可以給當事人第一個機會，在不受威脅的情況下，一同完成一項工作。

- 這初步會議的目的是：（1）讓當事人了解真正發生了甚麼一回事；（2）對衝突根本的爭議得出一個共識；（3）鼓勵人繼續處理這個衝突。

二、 為處理衝突營造一個良好的環境

若衝突只在最初階段，而雙方仍有若干程度的信任和溝通，介入就可以較簡單直接。通常是請來對立雙方，見一兩次面，澄清爭議、處理誤解和有問題的地方，以達至共識，怎樣可以繼續調解爭議。

但當衝突持續，累積了負面的情緒，溝通與信任開始減少，處理衝突就變得更困難。現在調停人和當事人不單要處理爭議，還要處理衝突的整個環境——受傷的感覺、誤解、恐懼和憤怒。為建立一個環境，有助於成功處理衝突的爭議，領袖首先要：

- 減低當事人感到的壓力和負面情緒，使衝突的程度減至最低。
- 在處理衝突的過程中，鼓勵有自信、坦率和誠實的態度。調停人可以怎樣做呢？

1. 選擇一個合適的地點和時間會面。在這方面要留意幾點：

- 在一個中立的地點會面，不是在任何一方的「私人地盤」。
- 確定開會的房間是舒適、舒服，地方寬敞。

- 安排當事人圍坐在一起，面向調停人、黑板或投影機的銀幕。這樣當事人就不是怒目相對，而是一起針對問題來討論。
- 不要讓任何一方佔據有利或有影響力的位置。（如主人位，高起的台子或特別的椅子）
- 約會不要定得太晚。（大家都已很疲倦）
- 安排茶點時間，讓大家有機會輕鬆一下，隨便交換意見。可以考慮安排一起吃飯，幫助「打破彼此的冷漠」。

2. 在每次會議前以查經和祈禱開始。我們發現當工場領袖以這種方式開始會議時，它有助於營造一個合適的氣氛，讓大家正面解決彼此的分歧。我們在開始會議前，一起聆聽神的話，求神引導，並賜福給我們，之後的爭論就會較少。

我們在課三提到一些有關衝突的經文，在這些研討上就最合宜。若有足夠時間，不妨討論和分享所研讀的經文。這可讓對立雙方一起正面地分享。

「你要專心仰賴耶和華，不可倚靠自己的聰明，在你一切所行的事上，都要認定他，他必指引你的路。」（箴三 5~6）

3. 流露樂觀和企盼的想法。首先要向當事人再一次肯定衝突的價值，指出衝突本身是正常的。若所有當事人願意合

作，找出解決的方法，衝突是可以有正面的結果。但同時要小心，期望的必須與現實相符。

調停人要克服的其中一個最大問題，是當事人在衝突中的恐懼感：怕被人揭穿和誤解、怕被傷害、怕會失去一些重要的東西，怕被人疏離。成功的調停人會透過以下的方法，幫助當事人消除恐懼：

- 擺出一副平靜、輕鬆的心靈和態度。當眼見領袖能控制大局，受助者也會跟著表現冷靜。
- 對衝突的現況作出清楚準確的描述。很多恐懼都是從不清楚和想像出來的事而產生。
- 列出一個可理解和有意義的計劃來處理衝突。

4. 鼓勵彼此信任和接納。若要坦白、直率表達意見和關心的事，雙方就要有若干程度上的信任。調停人要怎樣做，才可達成這個目標呢？

- 表明在解決衝突時，每位當事人都有同等價值，有一樣的發言權。
- 鼓勵當事人學習聆聽的「藝術」和「用愛心說誠實話」。
- 強調任何解決的辦法，都是雙方通力合作的成果。在尋找協議的過程中，大家共同擁有的那個協議，沒有一個人會被人遺忘。
- 承認大家在恩賜、事工和性格方面都有不同。指出衝突的出現某程度上是由於個人與整體，有不同的動機與優先次序。挑戰兩方的人，嘗試將自己代入對方的處境，欣賞別人的觀點和所關心的事。

- 保持溝通渠道的開放。只要所有當事人仍然願意彼此交談，衝突就仍然有望可以解決。

5. 協議所要跟隨的規則和標準。向他們說清楚，若不遵守這些規則和標準，只會阻礙處理衝突的效果。

- 只要大家彼此尊重，反對是沒問題的。
- 每個人都有權清楚、徹底說出他的意見和所關心的事。
- 在同一時間內只能有一個人發言，並且只針對一個題目。
- 陳述要明確，並與衝突有關。
- 不准發脾氣、指名道姓責備對方、貶低別人和人身攻擊。
- 不鼓勵提出與現在的衝突無關的錯誤與錯失。

6. 在高潮時結束每個討論或會議。調停人要在討論到了這地步時，做一個總結，肯定彼此是互相了解。感謝每位表達了他們的感受、所關心的事和意見的當事人。並定一個下次開會的時間，說出你在那個會議前希望達到甚麼目標。

三、 跟隨合作性解決問題的過程

有些人在著手處理衝突的過程時，對衝突的爭議已有了定案。另一些過分自信的人，則認為自己有解決所有問題的最好方法。有些人則立定主意，儘量少參與，以避免自己受傷或蒙受「損失」，他們相信「若不打架，就不會有損失」。有些人看這個處理衝突的過程為一個競爭，抱著必贏的心態。幸好有些人是願意衷誠合作，希望找出最好而又彼此認同的解決辦法。

調停人如何避免當事人極化，並使所有當事人共同合作，人人都投入及委身在一份協議下呢？在這一節我們會探究，一個成功調停人應具備和跟隨哪些解決問題的基本技巧，以達至更高效率。

1. 集中在爭議上。當衝突繼續發展時，當事人常忘了最初引起衝突時的爭議。他們現在集中注意力在對方身上，為要找出新的爭議去挖苦對方，但其實很多時這些爭議與問題本身並無關係。成功的調停人就是要幫助當事人，即使彼此有不認同，也要重新回到原來的爭議上。

在開始解決問題時，應預留一些時間讓大家表達感受。衝突通常都會傷害人。我們一定要處理那些感受，因為它們與事實一樣，在衝突裏同樣重要。因此，調停人要首先讓當事人誠實表達他們認為發生了甚麼事。這階段要徹底處理挑釁和自衞性的情緒（這類情緒往往會取代整個過程）；以致當事人可以用理性成功地解決爭議。

當事人愈坦誠分享感受和所關心的事，衝突就不再那麼具威脅。但這種「公開討論」一定要在以下的指引下進行，不致令當事人感到有太大的傷害：

- 每位當事人應表達自己的感受，不是別人的感受。每位當事人發言時，是形容自己的感受，不是攻擊對方。
- 當感受表達過又處理好後，它們就不再是大家的著眼點。我們要超越這些，去到實質的爭議上。
- 這些在會中表達的感受，要保守祕密，不可對局外人說。
- 作為調停人，不要害怕說出你所看到的，你的感受和經過這次透露心聲後，你想得出甚麼結果。（即饒恕、醫治，互相了解和對對方的敏感度）

一旦表達了心聲，調停人就要幫助當事人，將個人的感覺，從爭議本身區分出來。我們要承認和尊重其中的感受。若我們決意要處理衝突，接下來就要處理引起大家的負面感受的爭議。調停人要引導當事人將注意力從過去與他們有爭執的人身上，回到原先引起衝突的問題或爭議上。

若出現情緒失控的情況而令溝通中斷，調停人就應該中止討論，給大家一段緩衝期。然後帶大家分析，究竟發生了甚麼一回事，並將討論帶回爭議上。

2. 介定協議及爭論之處。當衝突發展離開了最初階段，雙方都會覺得自己完全正確，所有錯都在對方身上。但事實上，即使是敵對雙方，也可以有意見一致的地方。

調停人首先要發掘一些共同之處，藉此建立溝通的橋樑。當對立雙方發現大家有共同的觀點和主張時，就會稍為放下一些敵意，並發現對方也有一些寶貴的意見。當當事人嘗到共同解決問題的成功感時，這會鼓勵他們，即使在大家有強烈爭議的地方，他們仍願意繼續共同努力。

當大家看到彼此共有的協議時，下一步就要找出大家爭議的地方。

要成功處理衝突，就不能忽略或避開爭論點。調停人在這個時候，要協助雙方誠實地面對彼此的不同，尋找一個大家都滿意的解決辦法。以下一些指引，可助這個過程變得有建設性，不致於破壞整個過程：

- 在這些爭議上，鼓勵雙方坦誠澄清其觀點。這會減低彼此曲解對方觀點的可能性，也可拉近彼此的距離。
- 嘗試從短線目標上找出彼此妥協的地方，再慢慢嘗試在長線目標上找共通點，人們通常較容易接受一個日後可作出更改的解決辦法。
- 在爭議非常激烈的地方，各方可能要各自先做一個個別的決定和解決辦法，然後再在大組討論和回應。

3. 考慮其他可行的選擇。當事人來到這個處理衝突的階段，若跟隨幾個基本的原則，就可大大增加成功解決衝突的可能性：費希爾及尤里（Fisher & Ury）[3]

- 集中在利益上，不是在地位上。當事人要著眼於滿足彼此的需要，而不是要贏對方，這樣，雙方就要清楚表達自己的利益，也要清楚了解對方的利益，然後大家再找出有甚麼選擇能滿足所有當事人的利益。

- 製造雙贏選擇。調停人要幫助當事人調校想法，從「非此即彼」的辦法（總有一方贏，另一方輸），到想出一個有創意，且能使雙方都得益的方案。
- 堅持以客觀為準則。我們在這裏的策略是，當事人要在對雙方都公平的客觀標準下做決定，而不是讓有強烈意願和權力基礎的一方來做決定。

持定了這些原則，衝突雙方已準備共同努力：找出解決衝突爭議的其他選擇。這樣做的困難是要雙方一起有創意地尋找其他的可能性，想出的辦法可能比單單一方想的較為好。

鼓勵大家自由發表意見和選擇，避免讓任何一方感到受威脅，最好將表達「意見」時間與「決策」時間分開。最好用集體自由討論方式，找出有創意的意見和選擇。在這過程中，每位當事人要想出任何直接與爭議有關的意見和可行的解決方法。進行自由互動時間的目的，是要儘量收集多個可行辦法，從中決定一個最好的選擇。當我們進行集體自由討論時，要留意以下的規則，方可達到目標：

- 參加者要放下先前想的意見和解決辦法。
- 要接納所有意見，不拒絕任何一個。
- 不准批評任何人的意見。
- 在這段時間之內，不要就著所建議的意見和可能性做決定。
- 要寫下所有意見和可能性，方便日後參考。
- 鼓勵多創意，有建設性的幽默。

完了收集意見的集體自由討論階段，當事人要開始進到決定階段。從先前的階段所得的可行性之中，要選出兩三個最好的。但重要的是所有當事人都要同意所做的選擇。

若到了要選擇時，雙方仍各走極端，調停人可建議他自己認為是最好的選擇，並解釋為何他認為那是最好的。然後他應要求當事人對他的選擇提出一些回應，並讓他們同時作出一些調整或肯定他的選擇。

4. 選擇最好的解決辦法。現在是作最後決定的時間。從所有考慮過的可行性中，選出大家認為是最好的、對大家都是最公平的方案。要在所有當事人都完全參與下做決定是非常重要的，這可使他們感到所做的決定是屬於他們的。

要選出最好的可行方案，最好是透過雙行法（double column method），這過程鼓勵所有當事人以開放的心，立志同心做一個決定，找出最好的可行辦法。這辦法如何運作呢？

- 在黑板、活動掛圖或投影機的膠片上畫兩欄，討論其優點和缺點，並列出每一個所考慮的可能性。
- 所有當事人都貢獻一些意見和深刻見解。當他們參與這個過程時，他們會發現自己得到些新的洞見，並修正自己既有的想法和立場。
- 本來是「敵人」的，當他們一起分析每一個可能性時，會發現大家的距離愈來愈少。
- 最好的選擇應是好處大大超過缺點的。

使用雙行法，應運用客觀標準來衡量可行選擇中較為強或弱的地方。在評估每一個可能性時，可考慮以下幾個因素：

- 聖經的教導和原則。它合乎聖經標準嗎？
- 作好管家。它所付出的代價可以成就到多少？又有多少人受惠？
- 它對較大羣體（宣教機構、教會、基督教機構）潛在的長遠影響。
- 預期的危機和回報。一般來說，除非收穫在比例上較大，才值得冒較大的風險。
- 沿用先例，若可以應用，又適切現今的處境的話。
- 要齊備所需資源。譬如人事、基金、物料和設備等。有這些資源嗎？當事人又可以負擔得起嗎？
- 要完成所花的時間與實際能夠花的時間相比。

5. 推動人向達成的協議委身。當事人向協議委身的程度，要看先前的步驟是否進行得順利。若所有當事人能自由參與做決定的過程，協議又的確是大家的共同努力，那麼，當事人會覺得他自己有分制定那個屬於自己的協議。所以，當調停人請所有當事人委身支持那個協議，並實行他們所作的決定時，就會更成功。

我們在好些方面強調這種委身的行動，好突顯它的重要性。這是重要的。在處理衝突的最後階段，我有以下幾個建議：

- 寫下大家的協議。有了協議書會更有力，讓當事人有更強的委身，也可減少誤解。所有人都有相同的資料和指示，時常提醒當事人自己所作的承諾。
- 強調委身有雙重的重要性。這包括關係上的委身（對神和對羣體其他人）和工作上的委身（對大家協議的目標、計劃和策略）。
- 為「輸家」挽回面子。即使已經是很好的協議，有些當事人仍認為自己比別人損失得多，所得的少。這時調停人要阻止「贏家」到處炫耀自己的勝利。當事人要學習贏得有禮貌和得體。調停人同時要鼓勵自以為是輸家的人，強調即使協議不盡完美，但達成協議，總比持續不斷、具破壞力的衝突好。
- 慶祝衝突得到完滿的結論。每個人都盡力解決衝突，克服了好些爭議和張力。現在是時候讓大家輕鬆和慶祝。最適宜用讚美和祈禱結束這委身的一步。之後可以考慮一起外出吃晚飯，或找段時間娛樂一番。這會幫助原本是敵對的人，在開始執行議決的任務前，鞏固大家的關係。

6. 監察和評估進度。我們很多時會在這一點上失敗，沒有用一個實行和評估的程序跟進所定的協議。於是，當過了一段時間，我們的目標和計劃愈來愈偏離現實。因為我們雖然有好的動機，又付上很大努力，但我們的決定和協議是不盡完美的。我們活在一個瞬息萬變的世界，那些變動

可影響我們原定計劃的需要和果效。此外，在志願機構，我們很難預測我們是否可得到所需的人力和資源。若我們不留心跟進在衝突中所制定的協議，就會發現自己又再次回到衝突之中。但這次當事人會更懷疑，到底能否找到可實行的解決辦法。若今次行不通，下次又可以嗎？這就是為甚麼我們要為協議，制定一個跟進的體系的重要。這跟進包括：

- 監察所做的決定有否實行。所有當事人和機構都有很大責任讓協議能實行出來。要確保這能順利進行，當執行大家通過的計劃時，要委任領袖監察進度，和留心是否有問題產生。
- 定期評估原來的協議。每隔一段大家定下的時間，負責人就要評估一下所選擇的行動計劃進行得怎麼樣。當他們作了這些評估，當事人就可以：（1）繼續執行原先贊同的計劃或策略；（2）繼續執行原先的計劃或策略，但要做點修正或調整；（3）若那計劃或策略失敗，達不到預期的效果，就要中止它。這時，負責的人就要考慮之前想過的其他可能性。

IV. 調解人的素質和角色

作為宣教士、牧者和基督教機構的領袖，我們在好些情況下，會被拉了去當衝突的調停人。當我們自己遇上衝突並牽涉其中，較為理想是找第三者作調解人。這個角色需要甚麼重要素質，方能發揮影響力呢？

一、確信自己的價值和能力

調解人要相信他可扮演這個角色。這不是說他每次都會成功，但他要有信心，相信必有雙方都接納的解決辦法，而他亦有能力帶領雙方作出一個大家都滿意的協議。

當然，對基督徒來說，認識神的話，相信聖靈會在困難的處境引導、賜能力給我們，使我們有非凡的信心。透過祈禱，深深倚靠神和祂的大能工作可作明證。信靠神是領導的信心基礎。

二、他能激發其他人的信心

成功的領袖不單處理目標、策略和解決方法；他們更要處理的是人。在處理衝突的過程中，他期望見到人有成長。斯皮德．利斯（Speed Leas）[4]在他的著作中指出，領袖要發揮以下的功能，以保持一個健康的衝突。

- 幫助每一個人能盡力而為。
- 激發小組以信心處理衝突。
- 幫助對立雙方找出共同的目標和解決方法。
- 幫助當事人尋找一些策略或過程，以達成共同的目標和協議。

「鼓勵別人與你一起處理衝突；鼓勵別人在處理過程中不離不棄，或許是人所能用的惟一最重要的處理衝突技巧。」（利斯）[5]

三、有彈性和堅持不懈

處理衝突的過程會出乎意料出現一次又一次，而爭論出現的形式每有不同。調停人第一次嘗試引導當事人達到的共同決議或許失敗了。因此，他要有能力發現「第二、第三個」解決辦法。若第一個方法行不通，他就要有另一個應急的計劃。

他也要持續找一個雙方接納的解決辦法。很多時當事人是沒有受過訓練，不曉得怎樣處理衝突，或會感到混亂、害怕或憤怒。人的情緒或會阻礙解決衝突。所牽涉的爭議或許會難對付和複雜，而還沒有解決方法。若調停人不能處理這些困擾，缺乏鍥而不捨的精神，很快就會覺得厭倦和灰心，甚至想放棄。

四、不會自己牽涉衝突之中

通常在衝突處境中，人的情緒會高漲，説話會變得尖鋭，這可針對每個牽涉其中的人，甚至是調解人。他要夠客觀、自信去處理它，不覺得自己受到威脅，不會築起自我防衛。在張力和爭議之中，他要冷靜和有信心地繼續帶領爭議的討論。

五、在衝突的爭議上，不站在任何一方

調解人要成功帶領當事人得到一個大家都滿意的解決方法，他必須讓每一方都信任他。所有當事人期望調解人，在代表自己和對方的利益時，都是公正和不偏不倚的。

調解人要作客觀的第三者，因此，他不應站在任何一方的立場說話。當大家討論一個衝突的爭議時，調解人若發現自己有了立場，就應該考慮退下來，讓另一位不偏不倚的調解人主持大局。

六、要表現出自我克制和內心的平安

沒有甚麼比看見一位自我克制的領袖，更能幫助人自我克制。若調解人自己都失去耐性，衝突雙方就更難克制自己。調解人在張力和爭論中，能夠自制，是將處理衝突的過程控制在理性和可行的範圍內的關鍵。

若要在爭論中作個成功的和平使者，調解人要自己經歷心靈的平安，又能作別人的榜樣。那些在衝突中的人，很容易會感受到調解人內心的平安，並加以回應。

「若你自己正經歷無法解決的衝突，那些你想幫助的衝突，會鉤起你自己衝突的心……作一個調停衝突的人，最重要的預備，是準備自己的心靈。」（肖查克）[6]

註釋：

1. Johnson David W., *Human Relations and Your Career* (Englewood Cliffs, NJ: Prentice Hall, 1978), p.247.
2. Shawchuck Norman, *How to Manage Conflict in the Church*, 1983, p.35~37.
3. Fisher Roger and William Ury, *Getting to Yes: Negotiating Agreement Without Giving in* (New York: Penguin Books, 1981).
4. Leas Speed, *Leadership and Conflict* (Nashville: Abingdon Press, 1982), p.29.
5. Leas Speed, *Leadership and Conflict*, p.65.
6. Shawchuck Norman, *How to Manage Conflict in the Church*, p.51.

課四問題

1) 衝突循環有哪五個階段？

2) 在衝突中，哪個階段最反覆？為甚麼？

3) 若衝突在整個循環中仍未能解決，會發生甚麼事情？

4) 為甚麼在最初階段，把衝突處理妥當是那麼重要？

5) 要在衝突初期發展一個處理衝突模式，一個機構或羣體要做哪兩件事？

6) 說出有效處理衝突的策略中三個重要的元素。

7) 要了解衝突中究竟發生甚麼事情，需要甚麼資料？

8) 調解人可以到哪裏尋找這些資料？

9) 當調解人搜集了所需資料後，他應做甚麼？

10) 在尋求製造一個處理衝突的合宜環境時，調解人有哪兩個目標？

11) 列出六個能製造合宜環境的建議。

12) 在解決問題的過程中，有哪六個步驟？

13) 要儘可能得到最多解決衝突的方案，哪個方法是有效的？

14) 有甚麼好方法，可以在眾多可能性中，決定其中一個是最好的？

15) 甚麼決定會影響衝突的當事人對協議的委身程度？

16) 試儘量簡述調解人的六種素質。

處理衝突的個案

(注意:為了保密個案中人物的身分,我們改了手冊中以下和往後個案中當事人的名字和地點。)

聖經學院大部分教職員都住在聖荷西城的小小校園裏;有些半職教師卻住在校園外。我是工場執行委員會其中一員,負責監督我們工場的宣教士,包括駐身聖經學院的宣教士。

其中一位已婚教師簡(Jane),個性很強,與院長有衝突,不滿他的帶領作風和提倡的學校政策,於是不肯跟他說話。到了某個程度,為了避免與他夫婦二人接觸,她就經常不出席定期的教職員會和祈禱會。這令院長夫婦極其苦惱,他們正考慮辭職,部分是由於這個原因。其他教職員也受到影響,連學院以外的人也開始關注他們的問題。當地牧者和宣教士,來到我們工場執行委員會,詢問我們是否可做一些解決衝突的事。

因我同時是院長的朋友,又是簡的丈夫德(Doug)的朋友,所以感到左右做人難。不過,我同情院長,因我覺得他做得很好;而我也知道簡與好些前任院長都相處不來而有過衝突。我們在領導層的,都恐怕無論怎樣處理衝突,視乎結果怎樣,都很容易會失去其中一對夫婦。我們認為最好的解決方法,是叫來兩對夫婦,處理簡似乎在校園引起不斷出現的衝突和張力。因此,在接著的一次工場執行委員會,我們就提出了這個問題來討論。

經工場執委會（簡的丈夫德是其中一位成員）討論過幾次後，我們建議簡和德繼續教書，但住在校園外。我們知道簡是個盡力、有創意的老師。但若她與大部分教職員在同一個小小校園生活和工作，只會叫不斷發生的人際關係問題變得更嚴重。所以執委會所有成員，包括德在內，都贊成這個建議。我們感到這解決方法，可為校園製造更好氣氛，又能滿足所有當事人。由於到了中午，我們便暫時休會，同意午飯之後繼續。

到目前為止，我們所有人都認為已經找到一個可以解決校園衝突的辦法。但當簡的丈夫德與太太吃飯後，回到執委會，但他不再接納先前的方案。堅決反對執委會的決定，堅持要留在校園內。之後，簡和德找到一些支持者——尤其在本地人中——反對執委會的決議。然而，執委會卻不會改變決定，因為他們知道這樣做，很有可能會失去聖經學院的院長夫婦。

結果，簡和德離開工場。直到離開前，他們仍合理化自己的爭議。整件事在工場上引起很多負面的感覺。對我來說，我覺得自己失去了簡和德的友誼和信任。我們也發現有些本土領袖，抱怨我們應該在某方面做一點工夫，但在日後卻不願意說出自己對這個處境的立場，也不支持執委會所作的決定。

問題：

1. 是甚麼問題引起這次衝突？

2. 若忽略了這次衝突，有甚麼事可能發生？若真要處理這衝突，要改變甚麼態度或行為？他們有處理這些嗎？
3. 在執行委員會介入前，這衝突處於甚麼階段？在執委會介入期間，衝突又去到甚麼階段？衝突的最後階段是甚麼？結果又怎樣？
4. 在處理這個衝突時，調停人用了甚麼處理衝突方式？
5. 這個處理衝突的個案有甚麼結果？成功還是失敗？請解釋。
6. 在這個衝突處境，有幾項事情應以不同的方式處理。試舉出幾項。
7. 有甚麼文化因素，使這個衝突處境變得更複雜？

課五
跨越文化因素

在自己文化內處理衝突，本身已經很困難，而在跨越文化的處境裏，言語、思想和行為的差異可使問題變得更複雜。作為北美宣教士，在利益、優先次序和價值觀上，有時也會與本土文化中的當地同工發生衝突。

或者我們不明當地人對衝突本身所抱持的想法和感受，或他們身處衝突時的反應與行為。對他們來說，我們解決衝突的方法可能使他們感到混亂和生氣，因那與他們一向處理衝突的方式和手法十分不同。當我們不去理解和欣賞這些分別，一直堅持在他人的文化處理中以北美方法處理衝突時，只會強化和惡化衝突，而不是有助於解決事情。

多羅西．吉什（Dorothy Gish）[1]在研究宣教士壓力的來源時，肯定了這方面的重要性。在她的研究中，邀請了超過五百位宣教士，按他們的體驗列出個人壓力的主要來源並加以評級。最少有百分之三十的宣教士列出十九種壓力來源。但排行最高的兩個是：（1）當有需要時，與人對質；（2）跨越言語文化的障礙達成溝通。

所以，宣教士的兩個主要困難，是處理衝突和跨越文化溝通。將這兩個問題放在一起，就是處理跨越文化的衝突！幸好我們可看它為一個挑戰，而不是無法克服的問題。當我們了解並敏銳於本土文化時，文化障礙是可化為文化橋樑的。最成功跨越文化障礙的宣教士，應是這樣的人：

1. 對本土文化中有聲、無聲的語言皆儘量學習。
2. 學習了解和領會當地人的思想、行為、價值觀和利益。

3. 以當地跨文化的同工所能理解和領會的方法小心行事和溝通。

我們不可能在這一章內論述所有影響衝突的文化因素及其處理方法。但我選了那些我認為當宣教士牽涉入跨越文化衝突時，對他們特別重要，必須明白和適應的事情。這一章的目標是要叫你更明白：

- 文化差異中影響人理解和處理衝突的主要部分。
- 我們北美人怎樣與其他文化的人談判和處理衝突。
- 對那些跨越文化談判和解決衝突的，有那些實際意見和勸告。
- 透過處理跨越文化的衝突個案，分析衝突和解決問題。

I. 領導方式

當在民主／參與決策領導方式下受訓的宣教士與作風完全不同的本土人一起處理事工時，便可能發生衝突。現在主要有三種領導方式：

一、民主/參與決策（發言和投票）

領袖引導做決定的過程，所有與會的人都可自由討論該議題並決定該如何作。每個人的一票都是平等的。這是在北美洲受歡迎的領導方式。

二、咨詢/顧問（發言，但不投票）

最高領袖聽取與會者的意見與觀點，收集他們的建議。然後考慮他們的意見，決定應採取甚麼行動。這是民主與獨裁之間的中間路線。

三、獨裁/專制（很少發言，不投票）

最高領袖（主席、族長、老闆、牧師）決定要怎樣做，其他人就遵從。是單方面做決定。與會的人只在被問及時才發言。在非洲、拉丁美洲和阿拉伯世界，獨裁方式是很普遍的。

很明顯，採用哪種領導方式會影響處理衝突的過程。在不明白或領會民主/參與決策領導、做決定方式的文化裏，是很難發揮課四所提出的解決問題技巧。這是其中一個原因，說明為甚麼對宣教士來說，適應獨裁領導制度是最難過的時刻。以下我們用兩個例子，說明這方式。

1.「酋長方式」。在我們其中一個非洲工場，福音教會聯會的主席十分獨裁。與教會領袖和宣教士開會時，他或許會聽他們說話，但他有最後的決定權。他是「酋長」。在這類獨裁的領導制度下，主要靠我們的宣教士作出較多的調節。

不過，這種領導方式是跟隨文化模式的。在這國家裏，每條村都有一位村長。他要顧及村中每一件事，為村內的事情做最後決定。當我們探訪那個國家時，每當我們要進入一條陌生村莊，都要先去村長的小屋拜會他，表示我們對他的尊重，並與他討論我們探訪之目的。我們一定不能忽略他。

教會聯會主席覺得要向本國的非洲牧師和教會領袖證明他的確是酋長，不是屈從於宣教士之下的，這為宣教士製造了特別的難題。所以每隔不多久，在討論一些事情時，他就會公開訓斥宣教士或宣教機構。那些議題本身可能微不足道，但他卻看為證明自己是真正主管者的機會。不用說，被訓斥的宣教士一點也不欣賞他這舉動！

2. 軍事獨裁方式。在拉丁美洲，軍事獨裁和主人領導制度建立已久。佛朗哥（Generalissimo Franco）、貝隆（Juan Peron）、卡斯特羅（Fidel Castro）和皮諾切特將軍（General Pinochet）全是這種具魅力的獨裁領袖的例子。這制度是領袖集大權在身，沒有民主社會的制衡制度的。

若獨裁式領導是負責任、公平、有同情心的，它可以為一個國家、機構或教會帶來很大的成長和進步。但它同時亦構成更大的危機，就是壓制式獨裁、不善管理資源，太多個人影響力，使領袖變為人民崇拜的英雄。在教會或事工之中更有另一重危機，就是這種領袖會扼殺其他有能力的領袖的發展。

II. 協商過程

宣教士一定要了解，在當地文化下，人們對協商過程的看法，因那對在當地文化中處理衝突的方法有著舉足輕重的影響。（可參看格倫·費希爾（Glen Fisher）的 *International Negotiation*。該書論及幾個文化對談判過程的看法和調停人的角色，提出實用的深刻見解。）

一、協商方式

北美人：利用技巧、事實和邏輯分析説服人。喜愛用圖表和統計數字。表達論點時，一般都客觀和實際的。當説到是非黑白時，就好爭論。協商時不太重視情緒。通常在代價／利益基礎上做決定。

日本人：藉交際手腕和社會互動的影響説服人。在協商中恭敬和忍耐。非常重視謙遜和自我克制。嘗試不用對質來説服對方。説服是一個建立共識的過程，當有新的建議和重大的改變時，可能要花一段長時間來建立共識。情緒是可取的，但必須隱藏。因此，西方人很難明白日本人的想法和感受。北美人不明白在協商中沉默是甚麼意思——經過一段時間的沉默卻又沒有討論時，北美人便會不知所措，不知應做甚麼。

拉丁美洲人：利用高壓行動。比其他與會者更強是很重要的。在協商過程中，戲劇化的措詞和方式佔了很重要的地位。喜歡生動的互動和辯論。非常重視情緒，在衝突中的互動關係可以非常緊張。北美人碰上這種事時，會很不舒服，不肯定自己應如何反應。

法國人：透過邏輯、推理、已建立的標準和前人的例子說服人。在事前小心預備。看重長線的決定，而短線的決定則相對地較次要。覺得他們有特別的地位，不需為出於他們自己或法國人的自我利益的行動而道歉。情緒不及邏輯和理性重要。

二、協商者的角色

這裏要處理的是，不同文化怎樣看一位好的協商者的角色——他所擁有的權柄及其他人對他在方式和表現上的期望。我們再以上述四種文化，說明文化之間的不同：

北美人：技巧比人際網絡和關係更重要。重視隊工，但有份協商的每一個人，都可說出意見，並有空間給他們調整和決定。接納權力競爭為協商和處理衝突一部分。重視對質和訴訟，就像重視遷就與和解一樣。在社交場合談公事，是完全沒有問題的。

日本人：協商的年齡和經驗是重要的資格。一組人一同決定，個人只是代表自己的一方表達意見。因此，單獨的協商者只有很少空間調整，因未徵詢自己一方前，他不能改變立場。美國人要知道誰做決定，但日本人的系統叫人難以知道是誰做了決定。與美國人相反，東方人不喜歡在社交場合討論公事。

拉丁美洲人：協商者的重要素質是：有魅力、富男子氣概和好的人際關係。主要的協商者最有權做決定、改變和中止談判。組中的關鍵人物是十分重要的。除非那位最高領袖做了決定，否則，不能作出甚麼決定。可以用權力競爭，爭取比其他人有力的位置和個人的益處。

法國人：要有徹底的訓練與準備，他的機構或黨的官方支持，是法國協商者的資格。他們自覺有能力，覺得自己是代表一個超然的邏輯和文化。這可激怒對方，叫人與他們保持距離。他們覺得頑固地按著自己或按自己一方的利益談判是沒有問題的。不欣賞美國人表達利他主義的動機和企圖。

三、協商中的禮節

北美人：強調功能，不計較地位和禮節。不耐煩繁文縟節。往往不拘小節，喜歡與別人互相稱呼名字。這將我們放在禮節範圍一個極端裏。

日本人：強調形式和禮節。個人的地位和關係很重要。對比自己年長、與自己同等或更高地位的人，要有合宜的禮節、敬意和順從。

拉丁美洲人：也強調形式和禮節。在面對面的關係裏，非常重視有合宜的形式和禮節。一個人的社會地位很重要，要給予他應有的尊重。一定要合宜地尊重對方，不懂得尊重對方的個人聲譽，就是嚴重的冒犯（這是鬥爭開始的原因）。

法國人：在關係中要有合宜形式和禮節，這方面他們比美國人多一點認知。法國人機構比美國人的機構，較少平等主義，更關心在談判中，他們的官方地位和權威。

III. 以時間定位

我們北美人以明確的時段（月、星期、日、小時、分）思索時間。但在傳統文化裏，一般人都以與之掛鈎的事件來思索時間（墟期，教會崇拜、宗教節日、播種和收割）。

我們北美人很重視時間。對我們來說：「時間就是金錢」。我們不應浪費或失去時間，我們一般的心態是：「我們要趕快並著手幹那件事。」、「我們有一個問題，讓我們處理它吧。」然而，在很多其他文化裏，人對時間的態度與我們的十分不同。

一、社會互動優先

在很多文化羣體而言，關係和社會互動比時間重要得多。一開始就直衝入討論爭議和問題，是不合宜的。開始時要有指定的冗長寒喧、問候家人、分享最近的新聞和大家關心的事。人會覺得，忽略這些文化的繁文縟節，是很沒禮貌的，而且也會阻礙跟著的溝通，難以排解衝突。

二、處理爭議需要更多時間

在一些社會，協商、解決問題和處理衝突要花的時間，比我們在北美習慣的長得多。似乎很慢才能去到主要的爭議。在處理衝突的最初階段，要有一段時間大家小心感受對方的態度，處理不會引起張力和衝突的「更安全」、不相關的爭議。在這一切之後，核心爭議才會在以後的討論中出現。

最近一次往厄瓜多爾，我要求我們的工場主任安排蓋丘亞人（Quichua）教會的主要領袖和在他們中間事奉的宣教士一起開會。開會是要討論蓋丘亞人教會面對的機會和問題，而作為一個差會，我們可以怎樣滿足他們的需要和解決問題，與他們合作得最好。我期望在一起的時候，可以發現所有衝突的地方，又可以即時解決。

我們在一個早上開了幾小時的會議。花了超過兩小時彼此介紹，談談一般新聞和議題。只是在後一小時，我們才開始談到我們覺得真的重要，需要處理的特殊爭議上。在這一節時間後，其中一位初到工場的宣教士，表示他對會議感到困擾，覺得那是浪費時間。他習慣了很快處理事情。另一方面，帶領我們差會在那兒工作的資深宣教士，在蓋丘亞人中間事奉了超過三十年的，覺得那個會議很有意思，我也有同感。雖然花了很長時間才進入主要的爭議，但我們經過溝通，鞏固了關係，更明白他們的想法和所關心的事。不幸地，我們沒有預留足夠的時間，更全面討論和解決影響蓋丘亞人教會和差會的重大爭議。

IV. 直接抑或間接進路

平心而論，就世界上大部分文化而言，看上去我們北美人似乎太直接了。我們認為是正面的性格——開放、坦率和誠實——人家可理解為無禮和麻木不仁。（即使在美國，「北方人」與「南方人」的率直程度也有明顯的分別。）

在討論敏感的爭議，甚至處理人際或不同羣體間的嚴重爭議上，這差別就異常真實。除非宣教士學會了為本土文化「度身訂造」的方式處理衝突，否則，更難處理宣教士和當地人之間的衝突。

一、處理爭論的方法

1. 謹慎和圓滑。我們北美人可能以面對面對質，直接處理爭論；對其他很多文化而言，合宜的進路是謹慎 、圓滑和婉轉的。

在這方面，東方人往往與北美人各走極端。他們看我們的坦率為難以忍受的態度，説明我們沒有禮貌、敬意和自我克制。因他們強調人際關係要和諧和平穩；在處理爭論時，就看圓滑比坦率好。另一方面，東方人竭力避免任何冒犯，就不太回應北美人，這使他們因不明對方真正的感受和想法而覺得很混亂。這樣，就叫我們在處理與東方人的衝突時，找不到入手之處。

拉丁美洲人在處理爭論時，也喜歡婉轉。當說到敏感的爭議，或與宣教士衝突的地方時，他們就會很圓滑，教我們北美人無法明白他們究竟在說甚麼。對我們來說，他們好像只是繞著爭議，而不是坦白、直率點出問題。若經過好幾次努力，婉轉向我們傳達他們關心的問題後，我們仍收不到他們的信息，不懂得回應他們時，他們可能將壓抑的情緒與困擾爆發出來。

2. 顧全面子，保留別人的尊嚴。北美人不覺得顧全面子有甚麼大不了，但對很多文化而言，那是一件大事。對東方人而言，一定要顧全每一個人的面子。常在保護每一個人都不會蒙羞、尷尬的基礎上，決定如何解決衝突的爭議。

拉丁美洲人也寧願顧全所有人的尊嚴和聲譽，尤其是以個人的名聲處理爭論和衝突。對拉丁美洲人來說，一個人的尊榮是世上最重要的東西。一個坦率的方式，尤其是帶有任何批評性質的，都會被視為他的聲譽的攻擊。因此，在處理彼此的不同和衝突時，要謹慎和敏鋭。

二、拒絕方式

不同文化的人拒絕一個主意或建議時，會有很多方式。或許是用說話、姿態或行動。皮埃爾·卡斯（Pierre Casse）和蘇賴達（Surinder Deol）合著的 *Managing Intercultural Negotiations* [2]，教我們七種拒絕別人的方法。

1. 沉默、猶疑和不熱心。

2. 提出另一個建議。

3. 延遲決定。

4. 埋怨第三者或外界環境，作為拒絕一個建議。

5. 避免直接回應。

6. 大體上接納，但沒有行動。

7. 轉移對方的注意力，到另一個意見或提議上。

每一個文化都有以上好幾個方式拒絕別人，但每個文化在回應方式，和回應次數會有不同。在這方面，我們要謹記另外幾個元素：

- 在一個文化裏，沉默可能是說「不」，在另一個文化是說「可能」，而在第三個文化裏，可能是默許。所以，我們在一個特別的文化和處境裏，要準確地判斷沉默的回應是甚麼意思。
- 姿態在每一個文化中的用意，與別的文化可能截然不同。例如，點頭在一些文化是表示「是」，在別的文化是說「不」，另一些文化完全與同不同意無關。
- 口說一句，但非言語提示又是另一個意思。一個人口裏說「是」，但身體和面部表情卻可能說「不」。在解決大家的不同時，我們要學習同時解讀對方說出來的話和未說出口的話。

例如，在厄瓜多爾東邊森林區的印第安人（Shuar），他們有自己一套表達爭論、拒絕提議的方式。若宣教士表達了他們不接受的意見或計劃，他們會公開表示贊成，但事後沒有行動。我們可能會問：「他們為甚麼不當面表白？」答案是大部分在這東邊森林區的印第安人都不想與他們所敬重、欽佩的宣教士公開對質或公然反對他，所以總是公開贊成他的建議。那位宣教士就會因此被誤導，以為他們既然表示贊成，就一定同意他所說的。但他們的表達不是真的同意的方法，是簡單地以不採取行動來杯葛他的提議，使它不能生效。

V. 做決定的過程

這與上面所提的有關，但更特別提到不同文化的人實際怎樣做決定。機構或一個羣體做決定，有四個主要方法：

- 獨裁：領袖沒有諮詢其他人，獨自做決定。
- 在諮詢之後：得到其他人參與和發表意見後，領袖才做決定。
- 投票：羣體以少數服從多數的原則決定。
- 共識：當所有人都同意那一個解決方法，大家才做決定。

我們在北美喜歡第二和第三個進路。我們喜歡一位強、決斷的領袖，但他不是在做決定前諮詢職員，就是帶領他們參與，經過投票才一起做決定。

然而，在其他文化，他們做決定的方法是我們不習慣的。除非我們了解和適應這種制度，否則，當宣教士和當地人都牽涉其中，處理衝突的過程就會變成異常複雜，教我們十分困擾。

一、用共識做決定

大部分東方人和很多本土的農業社會，例如馬雅人（Maya）、蓋丘亞人（Quichua）和艾馬拉族人（Aymara），都了解和使用這種方式。大家尋找共識是傳統的做決定方法。大家寧願合作，而不是競爭或對立，當中有很強的同儕壓力，逼使人向大家的決定低頭。直到大家都來到一個一致同意的決定，才會徹底討論問題和爭議。格倫·費希爾[3]建議「尋找方向」比「做決定」更能描述此時此地所發生的事情。尋找共識，解決問題的制度，不是為得到獨立、特別的決議作為結果，而是從一開始，建立羣體的方向。

厄瓜多爾蓋丘亞印第安人正是這種用共識方法解決問題的民族。在每一個蓋丘亞社羣，他們以幾個人一齊作領袖、一起做決定的模式，取代強人領袖。沒有一位領袖會嘗試超越別人，獨攬大權，因別人會看這是驕傲自大的。村議會（cabildo）中的一個領袖稱為村主席；但他仍然與其他領袖平等。

蓋丘亞本地教會和蓋丘亞教會聯會，跟隨在村裏慣常做決定的制度。惟有經過冗長的討論、考慮了爭議，大家有了共識，才會做決定。要人人都同意須花上很多時間，故過程十分緩慢。即使主席也不能逼人接受他的意見。對喜歡辦事迅速，更決斷辦事的北美宣教士，這些都教人很困擾。

二、由強人領袖做決定

在拉丁美洲，我們見到另一個做決定的模式，它與上面剛剛提及的共識制度很不同。這制度繼承自西班牙文化，由羣體中的最大領袖有效地為羣體做決定。在教會會議和本地教會中，會友和羣體常倚賴他們喜愛的領袖為他們做決定，而不是他們自己做決定。

在處理這情況下的衝突時，我們應以找出誰是對方的最高領袖作為著手處。這也是說，這些最高領袖是負責談判、為他的羣體做大部分決定的人。因此，他們成了我們努力解決彼此不同，找出解決方法的核心人物。

三、透過妥協做決定

北美人在協商和處理衝突時，熱心支持妥協。這是我們做事和解決問題的一般方法。但其他人未必領會，或像我們那樣使用妥協方式。所以，即使在做決定的過程中，已存有一個潛在的衝突。

- 一般來說，除非東方人先回到支持他們的羣體，得到說話和認可，否則，他們不會在一個決定或解決辦法上妥協。
- 法國人認為，在一個他們覺得很有理由，又表達得好的論點和立場上，是不需要妥協的。除非他們看到先前的理據，在開始時就有錯，那就值得妥協。

- 對拉丁美洲人而言，妥協是與個人尊榮和聲譽有關的。每個人關心的問題都是：「那反映我個人的能力和領導才幹嗎？」「作了妥協，我會在朋友和機構面前失去聲譽和尊嚴嗎？」

VI. 計劃

一、不同的計劃方法

不同文化的人在計劃方面的經驗、理解和進路有很大分別。在相連社會與全體性社會之間，在嚴謹運作模式的社會與具體思考模式的社會之間，分別就尤其顯著。

在相連社會，生活各方面都被分割和分隔，在生活其中一個領域所作的計劃，是與生活其他方面分開的；然而在全體性社會，人看生活各方面都是互相有關的。他們看生活中一個領域所作的計劃或改變，影響生活其他方面。

對於已強大發展正統教育制度、非常委身於促進科學和技術的社會，有條理的思想運作是他們的特色。在這種社會裏，人受訓練用抽象名詞思想、假設、為將來好好計劃。具體相關的思考模式是普遍農村社會及正統教育不足的社會的特色。在這些社會中，大部分人都未受過解決假設性問題的訓練，也不習慣想到最近的將來以外的事。

這些背景、教育和想法的不同，主導了人們的計劃方法，也直接影響他們如何處理和解決衝突。從處理衝突過程所得的解決辦法和協議，會反映出這些文化模式。我們若在其他文化事奉 ，就要留意以下一些不同之處：

1.「在事情進行中」計劃抑或在高潮計劃。傳統社會的人不習慣分出一段特別時間和地點，定期為將來計劃。只有當特別需要和問題出現時，才會這樣做。

2. 短期計劃抑或長期計劃。對很多人來說，計劃只限於去到下一個墟期，下一個宗教節日或下一次收成。撇除了泛指性的觀點來說，為未來五至十年定下計劃，都是他們不曾想過與經驗過的東西。

3. 具體抑或抽象計劃。具體計劃是處理看得見、經驗過的事，而抽象計劃則處理個人目前經驗以外的事物。嘗試在新領域以及新的方式做事，都屬於抽象的範圍。

4. 簡單的計劃抑或複雜的計劃。在很多傳統社會裏，所有計劃都要保持簡單，只有很基本而不複雜的目標、組織、方法和程序。在科技發達的文化裏，製訂的計劃在上述各方面都可以很複雜。

5. 基於目前計劃抑或基於將來計劃。這是為現在、不久的將來做計劃，而不是為更遙遠的將來計劃。

6. 為保留傳統而計劃抑或為成長和進步而計劃。在傳統文化裏，計劃是為了保持現狀；而在西方社會，計劃是為了預計和適應改變。

7. 受一個「有限好」世界觀影響計劃抑或受一個「無限好」世界觀影響計劃。在「有限好」的觀點裏，只有犧牲其他人才可使社會裏某些人更有成就。因為只有有限的土地或財富可供使用。若有些人得到多些，也就是說他們取了別人一些，使別人少了。相反，持著「無限好」觀點的人，覺得有足夠資源讓人人都成功和富足。若有人富起來，不必看他佔了人家便宜。有了正確動機和努力，人人都可領先。「天空才是極限」。

8. 低風險的謹慎計劃，抑或接納冒險以期更大收穫。在傳統及自供自給的社會裏，人往往害怕會失去他們僅有的。「我們無法嘗試一種新種子，若我們在這一造失收，怎辦麼？」但在富裕社會，人更有能力冒險，而不影響他們的基本需要。

二、協議的觀點

不同文化的人對協商和處理衝突而來的協議或計劃，有明顯不同的看法。

1. 認真，要求所有當事人都遵守。我們北美人看協議或計

劃為協商過程的高潮或結束。我們很認真地對待協議，無法理解那些不與我們一樣認真看待協議的人。我們要求別人嚴格遵守它們，尤其當協議是白紙黑字寫下了。因這緣故，有些人批評北美人是個追求合約的社會。

2. 看協議是給予一般指引、是有彈性的。與北美人不同，東方人看協議為探索和適應過程的起點，故此，他們抗拒僵硬和約束人的協議，看它們為不幸的障礙，使事情複雜化。他們寧願看協議為工作指引，它只是給予概略的方向，是很容易調節和改變去遷就環境的。東方人不像我們北美人那樣，覺得有責任遵從協議，我們往往視他們的行為是狡猾及沒有真信用。

3. 作為一個「理想」，不實際可行或約束人。拉丁美洲人往往看一份最後的白紙黑字寫下來的計劃或協議為一個「藝術品」，（像畢卡索的作品）應用相架鑲起來，掛在一個合適的地方。但他們不覺得一定要在真實世界中實行出來，所以他們可能不跟進。這樣回應精心製作、長期的計劃，稱為「理想計劃主義」（proyectismo）。

大部分拉丁美洲人寧願當需要和問題出現時，憑直覺和即興計劃。他們認為這個方式，使生命和它的問題更有趣、自然和有創意，比受詳細計劃和協議約束、受限制好。然而，我們北美人見拉丁美洲人如此回應協議和計劃，往往認為他們不認真、不委身。

十個建議：

當我們研究這些文化因素時，我們不必說某些方式或模式更優越，其他就較低劣。我們是說它們有不同。這些差異改變一個文化處理衝突的局面，因他們影響：

- 人對衝突本身的看法。
- 人在衝突中如何處理衝突的爭議，並怎樣與對方相處。
- 可以預期衝突之後，協議或結果的種類。

若我們想在其他文化裏成功處理衝突，就要學會調校我們的進路與期望，以適應那種文化。以下是十個實際的建議。

學習有彈性

每當我問本地教會領袖，他們認為宣教士最重要的素質是甚麼時，其中一個經常提及的素質是有彈性。他們不大欣賞死跟自己文化方式，拒絕適應和融入本土文化的宣教士。他們不會要求我們「變為本土人」，但期望我們學習和尊重他們的想法和作事方式。

這適用於跨越文化的協商和處理衝突的所有領域。頑固地依附在自己的文化方式中，只會使衝突惡化。不必在信心與實踐的重要領域上妥協，宣教士也可找出既適應文化模式又能有效處理衝突的方法。我們若認為當地人用新方式學習處理衝突會有所得益的話，就要從最重要的本地領袖開始，用尊重和忍耐教導他們，他們就可教自己的同胞。教導處理衝突的原則，最好由聖經例子開始，正如我們在課三所做的那樣。

學習使用我們所有的能力

若我們要了解當地人的文化，與他們有效地溝通，就要學習更全面地盡我們所能。即是說要提高我們的感知能力，好明白對方想甚麼、為甚麼那樣想。我們要在協商和處理衝突的過程中，學習觀察人與人之間究竟正發生甚麼事。我們要特別學「感受」別人的感受，並在適當的時候，表達自己的感受。

觀察受人尊重和欣賞的當地人，是學習在處理衝突時，有合宜表現和反應的最好方法。第二步是嘗試模仿他們。例如在拉丁美洲，嘗試在指出一個論點時，較戲劇化和表達更多情感，看看會有甚麼結果。這大概會嚇他們一跳！與東方人協商時，要有禮和低調，巧妙運用禮貌、尊敬和羣體思想。嘗試用沉默的停頓（北美人覺得不容易呢！）

避免太直接

我們已看過我們北美人大部分在協商、處理衝突時，都是很直率、注重分析性和認真著手辦事的。但因為大部分文化的人不像我們那麼直接，我們在處理衝突時軟化進路，一般不失為一個有智慧的方針。我們處理爭議時可以較直接，但與牽涉其中的人相處時就要「婉轉」。我們要在爭議和衝突裏，學用新的方式回應和表達自己。例如在西班牙，動詞的假設時態、使用反身語句、很多有禮短語，建立了一套言語系統，讓人可以較婉轉、不太直接表達自己。我們一定要從中學習。

我們也要學習聆聽和了解，當地人批評我們的行動、不同意我們的觀念，即使他們用非常圓滑和間接方法表達。從經驗分享及親身經歷中汲取教訓，自能學會上述的技巧。

當本地人公開接受或被動地同意我們的提議時，不要太快將它看為「贊成」的舉動。作為宣教士，我們要保留自己的觀點和提議，直到他們先表達了看法，這是其中一個保護我們的方法。另一個方法是透過本土人以第三者的身分（作為協商者）表達我們意見和觀點。他們會更容易對本國人表達相反意見。

放慢腳步

我們北美宣教士要學接納不同的時間觀念，調整我們內心的時鐘。這即是說要學忍耐和願意「浪費時間」（北美的想法），以致可以有效地溝通和解決問題。

這對我們來說並不容易。我們已慣了看「時間為金錢」，我們喜歡儘快解決不同之處、找出解決方法。當我們考慮了所有可能的選擇，就會要求做決定——通常是透過投票。大多數人的意見「贏出」，但參與的人仍可能在爭議和決定上意見分歧。

然而，在很多文化中，直到所有人都有了共識後，才可做決定。這過程很考驗我們的耐性，因為對我們北美人來說，這過程很慢和猶疑不決。但我們要小心，不要匆忙作決定，或漏了達至共識的過程。那也許要花很多時間做法定，但一旦做了決定，就會有更闊的支持基礎，所有參與的人會更委身去實行它。在追求共識的文化裏，人更重視做全體一致的決定和保留關係，那比時間更有價值。

核對大家的了解

在處理跨越文化的衝突時，一定要確保大家真的彼此了解。協商者在文化之間建立一個內在的一致性，以致所有人都一樣明白企圖、利益、意思和協議。最好透過雙向回應的過程來達致：

1. 主動聆聽，藉向對方確定你明白他們所說的，表明你知道他們說了甚麼。用你的說話，將對方的利益和觀點再說一遍，直到他們滿意。若有需要發問時，請對方重複你的問題一遍，澄清他們所關心的事和提議。目的是：了解對方。

2. 表達你的觀點，要求對方也發言。預期對方會用另外的意思，去了解你所說的話。所以要堅持對方回應，你就進一步澄清。目的是：讓對方了解你。

要留心非言語的溝通

那些用說話表達會叫人感到不自然的事，可能要透過身體語言表達出來。或教人更混亂的，就是人口中所說的，與他非言語表達的互相矛盾。

一方面我們要學習了解、尊重對方表達的非言語信息，同時我們也要謹慎自己傳給對方的非言語信息。有一些非言語信息，在我們自己文化是可接納和了解的，在其他文化就被誤解、不被接納。我們要留意非言語溝通的好幾方面：

- 動作和面部表情
- 身體語言
- 空間
- 眼神接觸
- 接觸和身體接觸
- 聲調
- 衣服和打扮
- 運用沉默和長時間停頓
- 尷尬、侷促不安、不能認同的徵狀

設身處地

在處理衝突的過程中，我們從自己習慣的文化觀點看事物，又跟著有所行動。但當我們設身處地時，我們又會有甚麼感受和行動呢？要做到這樣，我們要知道對方從哪裏來。這即是說要去了解對方的背景、他面對的問題、別人對他的期望。要真誠努力看對方看到的處境、感受他所感受的。然而，了解別人的觀點，並不代表要同意它。

我們要特別敏銳於民族主義的感受，可能包括依賴、次等和剝削。由於有這些感受，第三世界的本土領袖或許害怕被視為太聽從北美宣教士的話。我們在協商和處理衝突當中，要特別醒覺這點，不能期望當地人在同胞面前，公開與我們過分合作。沒有人願被人指控為屈服於宣教士之下。

容許所有人顧全面子

正如我們所看過的，顧全面子在很多文化裏，都是十分重要的問題。對東方人來說，最大的恥辱是叫自己的機構、羣體或家庭蒙羞。而西班牙人和拉丁美洲人，對於個人的尊嚴和聲譽，有十分誇張的感覺。他們不惜任何代價，都要保護個人的尊榮。這就解釋了，為何只要在遠處嗅到批評或失敗的氣味，也會引起人強烈的不滿。

因此，我們在協商和處理衝突之中，就要追求有創意的決議和協議，容許所有人保存面子和個人聲譽。這不是説在重要實質的爭議上讓步，尋找最低的共通點。而是要敏銳於這些需要，願意做些小妥協，婉轉表達協議和提議，以致沒有一個人像輸了似的。

使長期計劃變得容易

在很多傳統社會，人沒有做複雜或長期計劃的訓練、背景或經驗。然而，即使有這些限制，也可以用一些方法，使這些社會做有效的計劃。

1. 用短期計劃（一年或以下）。一個長期企劃或計劃，分拆為幾期或幾個步驟，這比整個長期計劃花較少時間完成，也比較簡單。集中火力在明年需要做的事情上，或完成下一步，而不是想著將來幾年要做的事情。這比較像「事情一邊進行，一邊做計劃。」

2. 找出類似他們習慣做計劃的類型。每一個人在人生重要方面已做了一些計劃，我們可以在這個基礎上建立同類型計劃。在新教會事工或企劃上，可以應用類似的計劃和行動。

例如在很多傳統社會中，他們有一套沿用已久的制度，就是在社會企劃上使用志願人手。用宗教節日慶祝特別的日子和事件，已成了他們文化的核心部分。所以當我們開始建立任何新的事工、教會或企劃時，應考慮融入這些傳統習俗，以致可以事半功倍，又可引起社會人士的注意。我們可邀請志願人士為新教會或企劃工作，為這接受捐獻，以慶祝時間和宗教節日作為開始。某些傳統文化是十分以事件為中心的，像以上的情況，計劃融入特別場合，會特別成功。

建立一個持續的關係

人與人之間大部分的衝突，都不是一次過出現的事。對持續運作的機構和羣體，如教會、差會、隊工和機構而言，就更顯得真實。在這些機構中，建立關係是處理衝突重要的目標。在大部分情況下，這比任何一個特別爭議的結果更重要，因任何機構或羣體要長期有效，就需要健康的人際關係。

在宣教工場，建立關係對教會與差會的真正夥伴關係，特別重要。在處理教會與差會之間的衝突，宣教士要：

1. 在處理衝突的過程開始前，與當地同工建立個人的關係。

2. 為幫助將來的關係而疏解彼此的不同，而不是阻礙將來的關係。

3. 在必要時，放棄次要的、只有短期重要性的爭議或提議，而不去爭取。這不是說，在每次衝突中都向當地人讓步，

也不是說，在重要的原則和爭議上妥協。有些時候我們宣教士的立場要堅定，「強硬」協商。即使我們協商得強硬，仍可對人和靄、敏銳於他們的利益和所關心的事、公平對待他們、用公平和尊重解決大家的不同。

結論

在這一系列的研究裏，我們看衝突的方式，可能對你們很多人而言是新鮮的。我們已看到，有技巧地處理衝突，對健康的事工、關係和機構的生活而言，都很重要。來到最後，我們亦已探討過發展我們的技巧、更有效地處理和調停衝突的方法。

在這最後一課，我們考慮了幾個主要文化的不同之處，它們影響社會對衝突的看法和處理衝突的方法。我們也看了幾個跨越文化鴻溝和成功解決跨文化衝突的建議。

以上的研究只是拋磚引玉。我提議你繼續研究怎樣處理衝突，使你可以在這個事工的敏感領域進一步培養你的判斷力和技巧。

「最理想的處境……不是沒有衝突，教會處於無動於衷，沒有創意的處境；也不是人不斷爭吵、打架和攻擊。而是充分利用衝突：立即處理；以此激發、推動人開始行動和回應他們在教會和社羣中真正關心的事情。」[4]

註釋：

1. Gish Dorothy, "Sources of Missionary Stress," *Journal of Psychology and Theology* 11 (Fall 1983) : 236~242.
2. Casse, Pierre and S. Doel, *Managing Intercultural Negotiations : Guidelines for Trainers and Negotiators* (Washington, D.C. : SIETAR International, 1985), p.145~146.
3. Fisher Glen, *International Negotiation: A Cross-Cultural Perspective* (Chicago: Intercultural Press, 1980), p.32.
4. Leas Speed and Paul Kittlaus, *Church Fights: Managing Conflict in the Local Church* (Philadelphia: Westminster Press, 1973), p.38.

課五問題

1）在多羅西・吉什的研究裏，宣教士眾多壓力來源中，哪兩種給他們最大壓力？

2）有哪三種主要的領導方式？北美傾向哪一種？這些領導方式怎樣影響人處理衝突的方法？

3）下列民族的談判方式有甚麼主要特色：

北美人

日本人

拉丁美洲人

法國人

4）一個社會的時間觀念，怎樣影響人解決衝突？

5）很多其他文化怎樣看北美人解決差異的方式？直接還是間接？

6）哪一種做決定的方法會特別困擾北美宣教士？為甚麼？

7）儘可能列出訂立計劃的不同方法。這些差異怎樣影響人處理衝突？

8）不同文化的人在拒絕別人時，會用甚麼方式？這些方式怎樣影響人處理衝突？

9）對白紙黑字的協議書的看法，會有甚麼文化上的差異？

10）儘量列出更有效處理跨文化衝突的十個建議。

個案研究一

在南美祕魯，我們的宣教士鮑勃（Bob），與一位有恩賜的祕魯領袖卡洛斯（Carlos）中斷了交往。鮑勃負責基本的佈道工作和植堂，而卡洛斯是電台事工的主管。兩個人都受過高深教育，有很強的領導能力。原本衝突的爭議是動用宣教基金，投資大量金錢改善電台，為錄音室購買新器材。鮑勃認為福音廣播事工不是最優先使用宣教基金的事工，其他事工如城市植堂、訓練本地領袖等，應比福音廣播更優先。作為電台事工的主管，卡洛斯留意到鮑勃的觀點，但並不欣賞。他們在這個爭議上產生衝突，以關係緊張、不再交往告終。現在彼此迴避對方。

我們祕魯的工場主任戴夫（Dave），請鮑勃和卡洛斯在黃昏——一個為專業人士而設的查經班後——來見他。他以為最好的處理方法，是將兩個人一起叫來，公開擺出爭議，坦率、公開討論它。因戴夫同時欣賞和信任他們兩人，所以他感到在他們中間做中立者是頗自在和樂觀的。他主要關心卡洛斯和鮑勃是否曉得彼此之間愈來愈多衝突，是否願意向對方坦誠。戴夫希望三個人一起共同接納和了解使用宣教基金的優先次序。即使沒法達到這目標，彼此繼續對事工的優先次序沒有共識，但他們最少也重新建立一個坦率的關係和溝通。

戴夫首先要求他們討論衝突爭議本身，兩個人都各自有表達自己的觀點的自由。他指出兩個人的訓練、動機和目前的事工，使他們有不同的優先次序，但他們應考慮他們不同的事工怎樣配搭以完成共同的目標。他也強調即使鮑勃和卡洛斯有不同觀點，他們之間也不應失去相交或溝通。他們可以「容讓大家爭論」。

戴夫希望他們三個人可以合作，用最好的方法解決衝突，包括牽涉的爭議和關係，令三方面都滿意。他希望看到一個雙贏局面。他鼓勵兩個人表達自己，和說出可行的解決辦法。戴夫在會面之中及之後，都強烈覺得兩個人更完全了解對方的觀點。是次會面中決定看看福音廣播可以怎樣更造就福音事工、發展教會和訓練本地領袖。與此同時，他們論及福音廣播事工如何打破障礙，在我們廣播節目的城市，早已為福音的緣故做了很正面的見證，協助教會和事奉基督。

戴夫很滿意這次會面，我們的宣教士鮑勃也有同感。鮑勃和卡洛斯更能接受對方的觀點，更恢復了相交與溝通。然而，有一段時期，卡洛斯似乎不滿戴夫坦率、面對面討論這樣敏感的問題的做法。這樣直接處理衝突，教他感到很不舒服。但當戴夫在跟著的幾個星期，探望了卡洛斯幾次，他們中間又似乎沒甚麼問題了。

問題：

1. 這個衝突真正和根本的爭議是甚麼？
2. 這個衝突屬衝突循環中的哪個階段？
3. 若不去處理這個衝突，可能導致甚麼後果？
4. 鮑勃和卡洛斯之間缺乏了甚麼，以致衝突升級？

5. 協商者用了甚麼處理衝突的方式？
那樣可行嗎？
6. 若想協商與跟進這個衝突時能獲得好結果，雙方要改變甚麼態度？
7. 甚麼文化因素介入了這個衝突之中？他們又怎樣處理這個文化因素呢？
8. 可以建議怎樣改善處理這衝突的方法嗎？

個案研究二

去年我與一位同工到菲律賓，在工場會議上演講，並要調停那裏一個正在擴大的問題。當地教會正經歷「獨立」階段。很多年輕、飽學的本地領袖在工作上發號施令。宣教士到菲律賓哪裏事奉或怎樣事奉，都要服從他們的安排。

我們的宣教士向我們表達，他們在工作方向或事奉崗位和事工上，都感到很難說話，甚至無話可說。有些人面對角色的困境——覺得有太少的影響力，和沒有可實行抱負的事工。最近有一對年輕夫婦因困擾而離開工場，另一對有經驗的夫婦——偉（Ray）和蘇珊（Susan）——決定若他們的處境不能改變，也要離開工場。他們獨特的困擾是，本地教會領袖委派他們到聖地牙哥我們的本地教會裏，跟隨一位本地牧者事奉。但他們在那間教會，只有很少有意義的事奉。他們覺得他們的所有貢獻，就是出席和獻金。他們想教會准許他們在城市裏的一個新區建立一間新教會。本地教會牧師要他們一如既往，留在他的教會。我們害怕失去這對夫婦。

我們的策略是分別會見三方面的人：首先見我們剛提過的宣教士夫婦（偉和蘇珊），跟著是偉和蘇珊在聖地牙哥所事奉的教會的牧者，最後是當地主要的領袖。我們討論了偉和蘇珊的處境，詢問他們能否為目前的問題找出可行的解決方法，以這個作為跳板，探討那更大的爭議——本地教會與宣教士之間更健康和更公平的夥伴關係。

後來我們與以上所提有關人士一起討論，我們要求為偉和蘇珊提供一些可行的選擇。有人說他們可以留在教會，但有更闊層面的事奉。另一個人說可差派他們在聖地牙哥中一個完全不同的區域植堂。當地人開始明白，若偉和蘇珊繼續在同樣處境下，結果他們可能會離開菲律賓。雖然大家後來同意，他們可以自行開展一間新教會，與此同時，當現在這間已建立的教會需要咨詢、講道和教導時，仍要繼續幫助他們，但那時並沒有做任何決定。

然後我們提出一個更大的爭議，就是教會領袖與宣教士更公平和健康的關係。在這一點上，我們請當地人嘗試設身處地，若他們是宣教士偉和蘇珊，他們是否願意擔當偉和蘇珊被指派的角色——大部分是被動和出席的角色。幾位牧師同意他們需要更完整的事奉，方能被滿足和挑戰。我們就問，若我們所有人彼此依賴，大家一起決定宣教士的崗位和事奉。這種夥伴模式豈不是更好嗎？

當我們仍在菲律賓時，協商和討論仍未得出一個正式的協議。但工場的迴響說明當地教會領袖更了解我們宣教士的抱負、目標和感受。更願意考慮從「教會在宣教士之上」的關係，轉到夥伴關係。從那時開始，我們就不再有宣教士流失，教會和事工都更進一步。然而，還是需要更多協商，幫助達至互相了解和接納互相依賴的關係。他們有了進展，但現在要做跟進的工作。

我們與當地領袖討論時，整個過程勇敢和平靜，但肯定和具體。我們覺得要向當地領袖講清楚，發生在宣教士身上的事和事情的原因。我們感到他們對宣教士的處境有了新的理解和同情，他們開始看到改變關係的需要。

問題：

1. 甚麼是引起這次衝突的導火線？
   是甚麼更深和更闊的爭議導致這次衝突？
2. 若沒有處理和解決這次衝突的爭議，會有甚麼很可能發生的後果？
3. 在處理這個衝突時，他們用了甚麼處理衝突的方法？列出兩個，並加以解釋。
4. 在處理這個衝突的過程中，用了甚麼正面的方法？
5. 有甚麼文化因素影響這次衝突？
6. 為建立和確定一個新的夥伴關係，你建議怎樣有效跟進本地領袖？

課後

本書作者一開始就對我們講出一個令人震驚的事實：「許多宣教士返回老家的主要原因，是因為他們無法解決工場內的人際衝突！」人際衝突不會因為我們是基督徒、好人、神的僕人及有相同的目標而自然消解。

作者在書中舉出一個處理人際衝突失敗的例子：宣教工場委員會用調職的方法來處理簡（Jane）在校園工場上與別人的人際衝突。結果引起強烈的反應：委員會的紛爭令簡及其丈夫憤然離職。作者在書中也說出一個「成功」處理衝突的例子：在南美的宣教工場上，負責教會傳福音植堂的鮑勃和負責電台廣播的卡洛斯，因討論怎樣分配宣教基金而弄致彼此關係惡劣。這裏涉及更深層的問題：鮑勃認為卡洛斯負責的廣播事工不是最高優先。在人際衝突的關係裏，鮑勃這種言論，可能被卡洛斯解讀為：鮑勃對卡洛斯委身和事奉的貶抑，甚至是鮑勃對卡洛斯個人及其成就的輕視。人的心靈往往比我們想像中脆弱。當地宣教工場督導行了一步險著：讓鮑勃和卡洛斯坦誠討論，“agree to disagree”。這步險著似乎奏效，鮑勃和卡洛斯彼此明白多了對方的觀點，恢復了溝通。雖然卡洛斯仍然有一個隱藏的傷口。作者舉出第一個處理人際衝突的例子失敗的原因，不是工場委員會以行政方法處理問題，而是行政手段沒有結合心靈輔導及衝突雙方在衝突處理結構中沒有互相對話。而第二個案例卻有許多「成功」的前設因素：工場督導的強烈愛心、對鮑勃及卡洛斯的了解和接納，而最重要的，是卡洛斯有較強的自我形像、自我接納和他相信上帝對他的事奉的肯定，不因別人的「論斷」而摧毀。這可見卡洛斯開放自己與鮑勃和督導保持溝通而得到引證。

我很喜歡作者研究了聖經中的七個人際衝突實例。作者在這章開始即明言，人際衝突牽涉人內心的自我衝突。這就是個人成長、靈命整合的範疇。在舊約聖經撒母耳記上十七至二十九章，記載了一個人際衝突典型的例子：掃羅和大衛的關係破裂。掃羅和大衛的衝突的根源，並非他們性格上的不同，而是掃羅的自尊受創，他的安全感和自我價值受到威脅。聖經記載大衛殺了非利士強人歌利亞，被掃羅立為戰士長，得眾人喜愛。因大衛又大勝非利士人，婦女羣起歌舞，唱「掃羅殺死千千、大衛殺死萬萬。」這就埋下殺機，自此掃羅感到自己的地位甚不安全，又看到耶和華與大衛同在（撒上十八 12），就向大衛步步進逼。在新約聖經，我們亦看見主耶穌和法利賽人的公開衝突。主責備法利賽人，並不因為法利賽人的信仰和價值觀念與主耶穌不同，而是法利賽人的心靈腐敗，表裏不一和假冒為善（見馬太福音二十三章）。

從本書作者的提示，我們可以看見一幅處理人際衝突的完整圖畫：調解者要有主的愛心和接納、了解處理衝突的理論、熟習人際衝突的進程和技巧，而最根本的，是對面對衝突者本身的心靈輔導，助他成長。

箴言對我們生命方向和生命根源的指導，實在一矢中的。「你要保守你心，勝過保守一切，因為一生的果效，是由心發出。」（箴四 23）若我們誠實地向神的聖靈開放，透過主光照我們，看見自己的醜惡和不善，我們就不會冥頑不靈；若我們相信神的肯定和評價，衷心感受到主對自己的愛護和接納，就不會因別人對我的評價而憤憤不平；若我真正安息在主的手中，我就會放棄為自己取回公道的權利。這並不是一種弱者神學，而是透過基督的憐憫，我得了自由，成了主眼中真正的可愛的強者。

對華人教會復和事工的展望

華人教會、宣教工場和福音機構，若要有大大的增長和健康的成長，信徒和領袖當謹守主耶穌的吩咐，追求在人際衝突的復和，完完全全的合而為一。（約十七）對華人教會復和事工，我有幾點展望：

一、華人教會成立復和團隊，由資深牧者領導。這復和團隊的成員要符合三點要求：i. **慈悲寬厚（Charity）**：這團員要對自己和別人有愛、接納和欣賞。ii.**才識兼備（Knowledgeable）**：這團員要對人際衝突的理論和技巧，特別是人的成長之阻力和助力，有基本認識。iii. **謹慎明辨（Prudence）**：他要有謹慎和智慧處理人和事。而他的成長和主的深深默契是得著智慧的關鍵。「這樣，你必在神和世人眼前蒙恩寵，有聰明。你要專心仰賴耶和華，不可倚靠自己的聰明，在你一切所行的事上，都要認定他，他必指引你的路。」（箴三 4～6）

二、華人教會要有復和代禱隊。禱告不但能堵塞破口，也是神恩典的入口。因為主說：「凡祈求，就給你們。」

（太七 7）不禱告的人，不能心存僥倖，要主為他作甚麼。我相信今天大、小教會（特別是小教會）的分裂、宗派與宗派間的自義、神學院與神學院的比較，是基督即將再來之復興浪潮之阻力。華人教會的禱告隊，位處險要。

三、華人教會的肢體和領袖要有更多的交流。不管是人際衝突失敗和成功的經驗，都可以成為正面的教育。華人教會要突破「專家的迷思」，不只讓幾位牧者和專家「搞天下」。成功的復和運動，必定要激發信徒羣眾的參與，得到信徒和牧者、專才的共同參與，華人教會的復和運動才可成功。

四、要深化華人教會復和的事工，必須有靈命塑造的全人整合。過去數十年，華人教會討論靈／肉、靈／物的整合。我們看見愛世界、體貼肉體是一種心態，但進入社會勤奮工作，不奢華的物質享受可以是屬靈的。打破靈／肉，靈／物的界限，揭開抽象又不屬靈的「屬靈」假象使我們與主一起活得更全面、更真實和更深入。

今天我們要有第二重工夫的整合，這是靈／理的整合。我們許多信徒的生活，是以聖經或真理／道德原則為中心的生活。這是好的，卻不全面。因為「道成了肉身，住在我們中間。」（約一 14）這道不但是一種信念、不單是一個道德原則，更不止於理性的了解。這道是生命，是基督本身。這基督生命要充充滿滿的彰顯出恩典和真理。今天我們的社會教育和神學院教育都主要以學校的方式，以理性的研究和了解為中心。今天的許多信徒，可以有多個學位，而生命冷漠；今天許多神學生，熱切追求路德、加爾文、潘霍華、莫特曼的神學，而不追求與主相愛；今天許多忠心事奉的牧者和宣教士，因有太多挫敗和傷痕，而不再享受事奉。我們要有經過靈命整合的神學和生命培育。

以上是我對華人教會、華人宣教事工的健康發展的一點意見。

陳校慈

參考書目

書刊

Arensberg, Conrad M., and Arthur Niehoff. *Introducing Social Change: A Manual for Americans Overseas*. Chicago: Aldine Publishing, 1964.

Augsberger, David. *Caring Enough to Confront*. Ventura, CA: Regal Books, 1981.

Blubaugh, J. A., and D. Pennington. *Communicating Across Differences*. Columbus, OH: Charles E. Merrill Publishing, 1976.

Casse, Pierre, and S. Doel. *Managing Intercultural Negotiations: Guidelines for Trainers and Negotiators*. Washington, D. C.: SIETAR International, 1985.

Dale, Robert D. *Ministers as Leaders*. Nashville: Broadman Press, 1984.

Davis, S. M. *Comparative Management: Organizational and Cultural Perspectives*. Englewood Cliffs, NJ: Prentice Hall, 1971.

Dow, Robert Arthur. *Learning Through Encounter*, Valley Forge, PA: Judson Press, 1971.

Fisher, Glen. *International Negotiation: A Cross-Cultural Perspective*. Chicago: Intercultural Press, 1980.

Fisher, Roger, and William Ury. *Getting to Yes: Negotiating Agreement Without Giving In*. New York: Penguin Books, 1981.

Flynn, Leslie B. *Great Church Fights*. Wheaton, IL: Victor Books, 1976.

Foster, George M. *Traditional Cultures: And the Impact of Technological Change*. New York: Harper and Row, 1962.

Ford, Leroy. *Design for Teaching and Training: A Self-Study Guide to Lesson Planning*. Nashville: Broadman Press, 1978.

Hall, Edward T. *The Silent Language*. Garden City, NY: Anchor Press,/Doubleday, 1973.

Hersey, Paul, and Kenneth Blanchard. *Management of Organizational Behaviour: Utilizing Human Resources. Englewood* Cliffs, NJ: Prentice Hall, 1977.

Hesselgrave, David J. *Communicating Christ Cross-Culturally*. Grand Rapids, MI: Zondervan, 1978.

Huggett, Joyce. *Creative Conflict*. Downers Grove, IL: Inter-Varsity Press, 1984.

Johnson, David W. *Human Relations and Your Career*. Englewood Cliffs, NJ: Prentice Hall, 1978.

Leas, Speed. *Laymen's Guide to Conflict Management*. Washington, D.C.: The Alban Institiute, 1979.

Leas, Speed. *Leadership and Conflict*. Nashville: Abingdon Press, 1982.

Leas, Speed. *Should the Pastor be Fired.* Washington, D.C.: The Alban Institute, 1980.

Leas, Speed, and Paul Kittlaus, *Church Fights: Managing Conflict in the Local Church.* Philadelphia: Westminster Press, 1973.

McSwain, Larry L., and William C. Treadwell, Jr. *Conflict Ministry in The Church.* Nashville: Broadman Press, 1981.

Moore, Christopher W. *The Mediation Process: Practical Strategies for Resolving Conflict.* San Francisco: Jossey-Bass, 1986.

Moran, R. T., and R. P. Harris. *Managing Cultural Differences.* Houston: Gulf Publishing, 1979.

Oliver, Robert T. *Culture and Communication.* Springfield, IL: Charles C. Thomas Publisher, 1962.

Perry, Lloyd M., and Gilbert A. Peterson. *Churches in Crisis.* Chicago: Moody Press, 1977.

Perry, Lloyd M. *Getting the Church on Target.* Chicago: Moody Press, 1977.

Roth, Arnold. *Learning to Work Together.* Scottdale, PA: Herald Press, 1967.

Rush, Myron. Management: *A Biblical Approach.* Wheaton, IL: Victor Books, 1983.

Shawchuck, Norman. *How to Manage Conflict in the Church.* Schaumburg, IL: Spiritual Growth Resources, 1983.

Smedes, Lewis. *Forgive and Forget.* New York: Harper and Row, 1984.

Stagner, Ross (compiler). *The Dimensions of Human Confilct.* Detroit: Wayne State University Press, 1967.

This, Leslie E. *A Guide to Effective Management.* Reading, MA: Addison-Wesley, 1974.

Walton, Richard E. *Interpersonal Peacemaking: Confrontations and Third Party Consultations.* Reading, MA: Addison-Wesley, 1969.

論文

Ejigu, A. M. "Participative Management in a Developing Economy: Poison or Placebo?" *Journal of Applied Behavioral Sciences 19, no. 3* (1983): 239~247.

Gish, Dorothy. "Sources of Missionary Stress." *Journal of Psychology and Theology 11* (Fall 1983): 236~242.

Hefly, James C. "When There's a Conflict in Your Church." *Moody Monthly*, June 1987, 17~19.

Mann, Leon. "Cross-Cultural Studies of Small Groups." In *Handbook of Cross-Cultural Psychology: Social Psychology,* Vol. 5, by H. C. Triandis and R. W. Brislin, 155~209. Boston: Allyn and Bacon, 1980.

Morgan, Elisa. "How to Fight Right." *Focal Point*, January/March 1989, 3~4.

Segall, M. H. "Cognition: Information Processing in Various Cultures." In *Human Behavior in Global Perspective*, 96~135. Belmont, CA: Wordsworth, 1981.

Segall, M. H. "Cultural Differences in Motives, Beliefs, and Values." In *Cross Cultural Psychology: Human Behavior in Global Perspective*, 136~179. Belmont, CA: Wordsworth, 1981.

Stogdill, R. M., and B. M. Bass. "Leadership in Different Cultures." In *Stogdill's Handbook of Leadership*, 522~549. New York: The Free Press, 1981.

未出版文章

Benson, Warren, and Mark H. Senter, III. "Church Management." Printed Notes for DMN course in Church Management, Trinity Evangelical Divinity School, Deerfield, IL, January 1988.

Mitchell, David J. "A Training Program for Conflict Management for Missionaries Entering or Engaged in Cross-Cultural Christian Ministry." DMN project for Conflict Management course, Trinity Evangelical Divinity School, Deerfield, IL, September 1986.

Vreugdenhill, Marion J. "Managing Conflict in the Church: Programmed Instruction." DMN project for Conflict Management course, Trinity Evangelical Divinity School, Deerfield, IL, July 1986.

緊扣時代 服事教會

以文字傳揚基督真道

讀者意見表

衷心多謝你購買本社書籍。本社一直致力以出版事工服事教會，幫助信徒扎根於神的話語，促進靈命增長。為使我們的出版更能滿足你的需要，請填寫下列各項資料，並寄回或傳真予本社。

所購書籍：______________________

本書最吸引你的地方：

□作者 □適切性 □文筆 □設計 □實用性

□其他：______________________

購買本書地點：

□基道書樓 □基督教書店 □非基督教書店

性別：□男 □女 職業：______________

信仰：□基督徒 □非基督徒

年齡：□ 16 歲或以下 □ 17～25 歲 □ 26～35 歲

□ 36～55 歲 □ 56 歲或以上

學歷：□中三或以下 □中五 □預科

□大學 □研究院

□我欲更多了解基道出版社的事工及考慮支持，請寄給我下列資料：

□機構簡介 □新書資料 □「書中行」書會資料

□《基道文字事工通訊》

姓名：______________________ 電話：______________

地址：______________________________________

____

傳真：______________ 電子郵件：______________

其他意見：______________________________________

____

多謝賜教！

意見表可以傳真（2687-0281）或直接郵寄以下地址：
香港沙田火炭坳背灣街26號富騰工業中心1011室
基道出版社編輯部收